AF155524

La route des Alpes françaises

Henri Ferrand

© 2024, Henri Ferrand (domaine public)
Édition : BoD – Books on Demand, info@bod.fr
Impression : BoD – Books on Demand,
In de Tarpen 42, Norderstedt (Allemagne)
Impression à la demande
ISBN : 978-2-3225-4386-1
Dépôt légal : juillet 2024

CHAPITRE PREMIER

LA COTE D'AZUR

Nice. — Jardin Albert Ier , Jetée-Promenade et monument du Centenaire.

Nice et ses environs. - Ses rivales.

LA COTE D'AZUR! Ce nom si harmonieux évoque bien l'image d'un beau pays.

Celui qui y arrive pour la première fois ne peut manquer d'être frappé d'un vif étonnement. Il ressent une émotion profonde et délicieuse de se trouver en face d'une réalité qui satisfait si bien ses aspirations intimes, qui traduit si parfaitement en lignes et en couleurs l'idée qu'il se faisait des beautés de la nature.

Pour le voyageur parti le soir de Paris, le coup de théâtre se produit surtout en débouchant sur la baie d'Agay. Sous la magie du soleil levant le tableau parfait que forment la mer bleue donnant de ses franges d'écume l'assaut aux rochers rouges, les pins sombres balançant leur ondoyant panache dans une lumière à la fois douce et vibrante, est une puissante révélation qui captive d'emblée les facultés humaines. Tout au long de cette Corniche d'Or si bien nommée, l'acuité des sensations se maintient et se renouvelle. A la pointe d'Antèore, au cap Roux, aux rochers du Trayas, l'enthousiasme s'excite de plus en plus, il arrive à son comble à la Pointe de l'Esquillon, puis il s'apaise doucement dans le site ravissant de Théoule, et l'on a recueilli la quintessence du plaisir que distillent tous les points de la côte.

Saint-Tropez.

Ailleurs la végétation exubérante devient la tonalité principale, et l'on se croirait transporté dans un rêve d'Orient.

Ce pays est si bien doué que même quand le soleil, son grand artisan, lui fait défaut, il exhale encore un charme différent. Sous un ciel plombé où court en escadrons pressés la cavalerie des nuages éparpillés par le mistral, on y voit l'image poignante d'une révolte de la nature. Le conflit s'anime entre les vagues monstrueuses qui escaladent les rocs et qui s'y brisent, et les pins secoués, tordus, sifflant, qui viennent balayer la mer de leur chevelure. Au Lavandou, à Cavalaire, au pourtour de l'Ile Saint-Honorat, ce sont spectacles fréquents qui s'impriment fortement dans les âmes.

Les calanques du Trayas.

De cette région heureuse, Nice la Jolie se targue d'être la capitale. Le langage habituel est venu préparer cette royauté en désignant sous le nom expressif de Baie des Anges le rivage auprès duquel elle s'allonge. Émanation de la romaine Cemenelum (Cimiez) l'agglomération niçoise végéta pendant le temps où les yeux des hommes restaient fermés aux beautés pittoresques. En vain les ducs de Savoie, puis les rois sardes, ses maîtres, lui prodiguaient-ils leurs faveurs; en vain pour la galvaniser par le commerce avaient-ils fait creuser et aménager son port Lympia, elle s'engourdissait sur la rive gauche de son fleuve le Paillon, et ne laissait aux rares voyageurs qui la traversaient, même à Topffer, qu'une assez piètre impression.

Le retour à la famille française fut le coup de baguette qui la réveilla, et l'arrivée de la voie ferrée lui donna l'impulsion régénératrice. On ne saurait pour elle comme pour Saint Raphaël ou pour Cannes citer l'initiateur de sa vogue.

Ce fut le public, dès qu'il put y venir.

Une administration intelligente et avisée sut profiter de l'impulsion et la favoriser. Elle amorça au bord de mer cette enchanteresse Promenade des Anglais, que chaque décade allonge, et qui se poursuit maintenant de l'embouchure du Paillon à celle du Var. Sur ce fleuve torrentiel dont es galets affligeaient la vue, elle jeta la magie du Casino et de la Place Masséna, et sur un plan judicieusement tracé les maisons, les hôtels, les villas et les jardins tissèrent bien vite une toile d'araignée réunissant la gare à la ville.

Comme il arrive toujours en pareil cas, en raison des facilités qu'on leur offrait, les visiteurs firent boule de neige. La ville déborda sur ses alentours, les jardins disparurent sous les constructions nouvelles, et maintenant la plaine tout entière est couverte, et l'admirable ceinture de collines que lui forme la couronne de Vénus est assaillie à son tour par l'impétueux élan des habitations de plaisance.

Terrasse de Monte-Carlo.

Le climat, qui lui permet de cultiver les bois d'orangers en pleine terre, a fait de Nice l'hôtellerie hivernale de tous les frileux d'Europe. Si les Anglais, très volontiers voyageurs, furent ses premiers clients, leur nombre fut bien vite égalé et dépassé par l'afflux cosmopolite. Les Français eux-mêmes, si lents à connaître et à apprécier ce qu'ils ont sous la main, se sont pris d'engouement pour elle et Paris possède la majorité de ses nids de verdure. Il y a apporté l'indéniable cachet de son bon goût, il a peuplé de ses resplendissants magasins les principales artères. Il n'est pas de grande maison parisienne de modes, de couture, de joaillerie, etc... qui n'ait sa succursale Avenue de la Victoire ou Avenue de Verdun.

Entraînée par ce mouvement constant, Nice a continué sa couverture du Paillon et a créé sur ses grèves cet éblouissant jardin Albert Ier où s'élève la colonne commémorative de sa réunion à la France et près duquel se trouve l'original Palais de la Jetée Promenade.

Cannes. — Promenade de la Croisette.

Mieux que de grands et vastes monuments, la cité niçoise sait se parer de ses attraits naturels, son château est un séduisant belvéder animé par la cascade de la Vésubie, son Montboron a ses jardins parfumés, et sa colline de Cimiez ses parcs et ses villas. Elle évoque aussi ses souvenirs et ses gloires par ses arènes et sa vieille abbaye de Cimiez par son palais des Lascaris. par ses statues de Masséna, de Garibaldi, de Gambetta. etc...

Reine de la Côte d'Azur, elle s'entoure d'un cortège de dames d'honneur qui sont aussi parfois des rivales.

Cannes, qui n'était il y a moins d'un siècle qu'une bourgade de pêcheurs et qui n'a dû la faveur anglaise qu'à une mésaventure de lord Brougham, en a si bien profité qu'elle est devenue une des stations les plus élégantes de la Côte. Son agglomération est continuée au loin par une multitude de jardins, de villas, d'hôtels et de châteaux. Contournant à l'orient son Mont-Chevalier, de silhouette si caractéristique, elle se prolonge par sa plage presque jusqu'à la Bocca, et à l'Est, elle a envahi et dépassé la Pointe de la Croisette. Reconnaissante envers son fondateur et ses hôtes, elle a élevé au milieu des palmiers une statue à lord Brougham et plus récemment à Édouard VII.

Monaco, si superbement planté sur son rocher pittoresque aurait paru moins accessible à la vogue; mais il s'est doublé de Monte-Carlo, qui en outre de l'attraction spéciale des jeux est favorisé par une situation incomparable, et ce nouveau centre débordant de toutes parts, après avoir occupé par la Condamine tout l'espace qui le séparait du rocher princier, a projeté hors des limites de la principauté le rutilant Beau-Soleil. Il respire de tout son ensemble le luxe et l'opulence.

Menton, vers les confins de la terre de France n'exerce pas une moindre attraction. Les derniers contreforts des Alpes qui l'enserrent lui assurent une protection si efficace contre les vents qu'elle jouit comme Beaulieu d'une végétation tropicale. Ses bois de citronniers parfument l'atmosphère, et son développement s'étend maintenant sur plus de trois kilomètres de plage: de l'embouchure couverte du Borigo jusqu'au pont Saint-Louis au-delà de Garavan.

Toutes ces cités séductrices et bien d'autres auprès d'elles empruntent leur charme au climat bienfaisant que le soleil dispense si généreusement, que la mer complète et que les fleurs embaument: un seul nom les groupe et les caractérise, c'est la COTE D'AZUR.

Menton.

Touët de Beuil, et la vallée du Var.

CHAPITRE II

LA VALLÉE DU VAR

La Mescla. - Touët de Beuil et les Gorges du Cians. Puget-Théniers. - Entrevaux et le Pont de Gueydan.

Merveilleux début! La Route des Alpes suit d'abord la Promenade des Anglais. Pendant ce parcours de plus de cinq kilomètres au long de la mer caressante, la vue sur la côte orientale change et se modifie à chaque tour de roue. On dirait un diorama mouvant: c'est d'abord l'échiné du Mont-Boron qui s'allonge, puis derrière elle, la presqu'île de Saint-Jean qui révèle peu à peu ses villas et ses hôtels, plus loin le Cap Martin avec ses belles futaies, plus loin encore l'au delà-de Menton, les Rochers Rouges et Bordighera, chaque langue de terre s'avançant à son tour pour renouveler la joie des yeux.

Aux abords de l'Hippodrome, la route quitte la plage, coupe un instant la plaine en passant sous la ligne du chemin de fer et vient s'asseoir sur la digue gauche du Var.

La Mescla.

On a perdu de vue la mer, et le décor des Alpes se présente aux regards: à droite, des coteaux cultivés s'étageant graduellement, à gauche, des collines plus abruptes au pied du majestueux escarpement du Baou de St-Jeannet, puis au milieu, la sombre fissure par laquelle s'échappe le fleuve et qui va servir d'accès. Ce fond de tableau s'approche avec rapidité, les remparts latéraux se resserrent, et on se trouve emporté dans un large corridor où la route voisine avec la voie du chemin de fer Sud-France qui vient la rejoindre par un tunnel.

Au pied du Baou de St-Jeannet, qui maintenant paraît formidable, on voit se dédoubler la ligne ferrée, l'une de ses branches traversant le fleuve et remontant sur sa rive droite vers le village de Gattière dont les maisons s'éparpillent sur la pente et plus loin vers la vieille ville de Vence, l'ancien évêché du poète Godeu.

A Saint-Martin-du-Var, quelques usines ternissent un moment le paysage qu'anime d'autre part le confluent de l'Estéron: le vallon commence à prendre des allures de gorge, et des routes aux lacets pressés arrivent de part et d'autre, à droite de la Roquette, à gauche par le pont Charles Albert de Roquestéron, tous deux noms éloquents témoignant de la prédominance des roches.

Vieille porte à Vence.

Puget-Théniers.

Le spectacle ambiant devient plus borné et plus sévère: subitement la paroi de droite s'entr'ouvre et laisse passer le flot de la Vésubie, c'est la rencontre de deux gorges étroites, aux murailles escarpées, aux flots mugissants. Un pont de quatre arches permet de franchir l'affluent, puis deux routes divergent: l'une, à l'Est, remonte la Vésubie et conduit, suivie d'une voie ferrée, à St-Jean-de-la-Rivière, à Lantosque et à Saint-Martin-de-Vésubie. L'autre, notre Route des Alpes, toujours accompagnée de la ligne du Sud-France pénètre dans les Gorges inférieures du Var au défilé du Ciaudan.

Dès lors, sa chaussée va être à chaque instant portée sur des travaux d'art. L'étroite fente, sciée par le travail millénaire des eaux, laissait à peine le passage du Var et la route aussi bien que le chemin de fer ont dû s'ouvrir le leur à force de tunnels et de viaducs.

Lavoir public à Puget-Théniers.

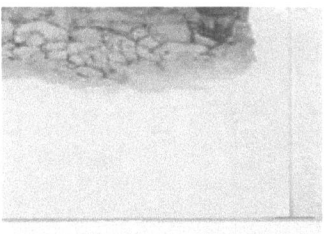

Une nouvelle fissure, un nouveau torrent qui s'en échappe, la Tinée, apportant au Var les écoulements des plus hauts pics de la frontière! Ce confluent, dont l'aspect est particulièrement grandiose a reçu le nom expressif de la Mescla. Là aussi une route et une ligne ferrée annexe ont été tracées par l'industrie des hommes, remontant vers Clans et Saint-Sauveur. La route principale franchit le Var et s'incruste désormais sur sa rive droite, dans la continuation toujours aussi sauvage et grandiose du défilé des Gorges du Var. La direction qui depuis l'Hippodrome était toujours vers le Nord, s'incurve à l'Ouest à partir de la Mescla (100 m.).

Les gorges du Cians.

Bientôt les murailles abruptes, qui encaissaient la route, s'adoucissent, et aux escarpements succèdent des pentes moins accentuées. Une route stratégique traverse le fleuve et monte en lacets au fort de Picciarvet (600 m. environ), puis après un nouvel étranglement, qui oblige la gorge et la route à un double contour, la vallée s'élargit et le site du pont de Malaussène annonce une sorte de petite plaine allongée qui fut jadis un ancien lac. Le berceau qui s'étend à l'Ouest offre un coup d'œil agréable, occupé par la culture et encadré de vignes parsemées de figuiers. A une certaine hauteur, sur la droite, on aperçoit le village de Touèt de Beuil, curieusement perché sur une corniche abrupte, avec un rocher en forme d'auvent qui semble le recouvrir. Son unique rue, passant parfois sous les maisons, commence à être désertée et les habitants sont descendus au pied de la pente-fonder le Touèt du Var, qui, pourvu d'un bon hôtel, sert de point de départ pour l'excursion des gorges du Cians.

Eglise de Puget-Téniers.

A moins d'un kilomètre, en effet, les pentes septentrionales sont coupées par une échancrure qui livre passage à l'impétuosité du Cians. Parmi toutes les longues gorges auxquelles a donné naissance le travail des eaux sur des roches analogues, celle du Cians est une des plus curieuses. Sur une longueur de 20 kilomètres, à deux reprises, elle entaille à près de 400 mètres de profondeur le plateau calcaire, et la partie supérieure, celle qui atteint le village de Beuil, est à la fois la plus étroite et celle qui est forée dans les roches aux plus vives couleurs. Au-dessus de Beuil, elle s'irradie en berceau dont les pentes ne sont pas compatibles avec le prolongement d'une voie carrossable. Elle est donc une impasse qui ne peut se greffer sur le trajet de la Route des Alpes, mais c'est une des plus belles excursions d'auto-car du rayon de Nice.

En amont de l'entrée des gorges du Cians, la vallée du Var s'ouvre assez largement et la route se prolonge dans un paysage sans grand caractère jusqu'à Puget-Théniers qui offre aux visiteurs les restes d'une vieille église bâtie dit-on par les Templiers, et un château fort en ruines.

Entrevaux.

Le berceau qui s'était ouvert après les gorges du Cians, consacré à la culture des vignes, des oliviers et des amandiers, se resserre, et à l'entrée d'un défilé rocheux la route se heurte à l'étrange décor d'Entrevaux.

Sentinelle chargée de monter la garde au débouché des vallons supérieurs du Var, Entrevaux constituait une citadelle imprenable à l'époque des projectiles à courte portée. Entourée de murs crénelés qui remontent de chaque côté jusqu'au château sommital, trouée de rues enchevêtrées dont l'étroitesse est inaccessible aux voitures, reliée seulement à la rive droite par un pont fortifié muni de deux herses, elle formait un camp retranché dédaigneux des assauts.

La route continue à suivre la direction de l'Ouest, et à 8 kilomètres d'Entrevaux parvient au Pont de Gueydan, carrefour où divergent la Route des Alpes d'été et la Route d'hiver.

Porte d'Entrevaux.

26

Pont de Gueydan.

CHAPITRE III

LES GORGES DE DALUIS

Guillaume et son château. - Le Val d'Entraunes.
Le Col de la Cayolle et le Vallon du Bachelard.
Barcelonnette.

L'axe général de la vallée est continué dans la direction de l'Ouest, mais par un caprice géographique, ce n'est plus que le lit d'un affluent. La paroi septentrionale, très escarpée, est brusquement ouverte par une coupure de la roche, et de cette porte étroite jaillit un cours d'eau dans lequel on s'accorde à reconnaître le Var supérieur, tandis que le torrent direct est désigné sous le nom de la Vaire. Dans l'une et l'autre vallée sont tracées des routes, mais la ligne du Sud-France, se dirigeant vers Digne, ne remonte que le vallon de la Vaire: un simple tramway se poursuit dans l'autre direction jusqu'à Guillaumes.

Gorges de Daluis.

Au point inférieur, où elle a été usée par le Var, la Porte est franchie par deux ponts: l'un ancien, en dos d'âne, presque ruiné, qui fut celui de l'ancien chemin, l'autre moderne et à voûte surbaissée qui donne passage à la route: encore ne l'atteint-elle que par un court tunnel.

A la tête du pont sur la rive droite, se présente le carrefour des deux voies. Celle de gauche fut d'abord l'itinéraire de la Route des Alpes par le col d'Allos avant l'ouverture du col de la Cayolle. C'est celle de droite qui est maintenant fréquentée par les auto-cars.

Le Pont de Gueydan franchi, la route tourne au Nord, remontant la rive droite du Var dans un paysage fort élargi mais sévère et déboisé. A l'horizon, quelques grands sommets commencent à se montrer: le fond du val est ravagé par les divagations du fleuve. Un assez court trajet en palier amène au village de Daluis (633 m.), après lequel la chaussée se relève. On avance vers le fond de ce berceau, et on voit les deux rives opposées très rocheuses et escarpées se rapprocher pour ne laisser entre leurs murailles qu'une étroite et sombre ouverture d'où sortent les eaux. La route qui a continué à monter arrive au sommet de cette fissure (840 m.) et alors se déroule un des enchantements majeurs du trajet. Sur un parcours d'environ huit kilomètres on est suspendu à 150 mètres au-dessus du niveau de la gorge. La faille n'est pas rectiligne et ses sinuosités, souvent coupées par des tunnels ou raccordées par des ponts, font à chaque inflexion modifier le décor. Tantôt la paroi opposée s'offre dans toute sa hauteur, laissant apercevoir les eaux vertes du Var qui se brisent au fond du gouffre, rejaillissent en écume blanche, et hurlent comme un géant captif: tantôt on est si rapproché que la vue se borne à quelques strates discordantes. Des couleurs intenses, avivées par la lumière méridionale, ajoutent à l'impression, et un tableau étrange se forme, du rouge des roches, du vert des eaux et du bléu du ciel se heurtant dans la pènombre de l'abîme. Ces gorges du Var, que l'on appelle communément gorges de Daluis du nom du village près duquel elles commencent, et pour les distinguer des gorges inférieures, sont une des plus sensationnelles merveilles des Alpes Maritimes.

Les Gorges de Daluis et le Pont des Roberts.

Troupeau à Guillaumes.

Ancien château de Guillaumes.

Guillaumes.

Comme toujours à ce défilé succède un évasement où la route s'incline pour revenir au niveau du torrent, qu'elle passe au Pont des Roberts (750 mètres d'altitude). Le vallon assez bien cultivé est tout entouré de collines verdoyantes, et bientôt on voit se dessiner sur l'horizon l'imposante silhouette du château de Guillaumes.

Marché de tout le val d'Entraunes, assis au confluent du Var et de la Tuëbi, le bourg de Guillaumes était jadis une place de guerre, fortifiée au XIᵉ siècle par GUILLAUME II, comte de Provence, qui lui donna son nom. Le château qui le domine fut souvent habité par les successeurs de ce prince. Aujourd'hui le donjon est en ruines, il ne reste plus que quelques pans de murs des remparts, et la crainte des inondations préoccupe plus les habitants que celle des pillages. On part de là pour visiter le curieux village de Péone et pour gravir l'Observatoire du Mont Monnier (2818 mètres), mais il est peu probable que ce chef-lieu de canton devienne jamais un centre de villégiature.

La vallée du Var, en amont de Guillaumes.

En quittant Guillaumes, la route continue de remonter la rive gauche du Var qui se tourne vers l'Ouest; la partie supérieure de la vallée prend alors le nom de Val d'Entraunes. L'alternance de berceaux et de gorges que nous avons observée depuis Colomas cesse désormais et fait place à la physionomie ordinaire d'un vallon de montagne plus capricieusement mameloné. Après le détour de la Barlatte on traverse Villeneuve d'Entraunes (940 m.) puis on passe le torrent pour venir en suivre la rive droite. On arrive bientôt à St-Martin d'Entraunes (1055 m.) dont les maisons se perdent au milieu des noyers. Il faut, au passage, donner un coup d'œil à l'église assez ancienne, ornée d'un cadran solaire portant la curieuse inscription: Me sol, vos pastor regit. Sur la porte sont gravées les armes des Templiers. L'intérieur renferme une curieuse chaire rustique, et un tableau sur bois d'un primitif niçois.

Le paysage de cette partie de la vallée est gracieux, et les pentes qui avoisinent St-Martin sont plus boisées que celles de la région inférieure.

La route se poursuit sur la rive droite avec d'agréables aperçus vers les cimes qui commencent à grandir, on découvre le clocher d'Entraunes, et en 7 kilomètres de St-Martin, on atteint ce centre important d'Alpinisme et de villégiature (1280 m.). Admirablement situé au confluent du Var et du torrent de Bourdou, dans un site des plus verdoyants, il fournit à ses visiteurs une ample moisson de promenades, d'excursions et d'ascensions. Il sert de point de départ pour gravir les difficiles Aiguilles de Pélens (2685 m.), la Tête de l'Encombrette (2832 m.), la Roche Grande (2751 m.), la Cime de l'Aspre, etc., on en rayonne par le Col des Champs vers Colmars, par le Col de Pal vers St-Étienne de Tinée, aussi est-il l'objet d'une vogue sans cesse grandissante.

Eglise de Saint-Martin d'Entraunes: Retable par Bréa.

35

En amont d'Entraunes le profil général de la vallée prend une pente plus accentuée et la route décrit de nombreux contours pour s'élever jusqu'à la terrasse sur laquelle est perché le hameau du Villard: elle était passée sur la rive gauche par le pont de Crouas, elle y longe une belle forêt de mélèzes, puis elle reprend par le pont St-Roch la rive droite où elle décrit un grand lacet pour compenser les rapides et cascades du Var.

On côtoie les chalets de St-Sauveur. ou Esteng-le-Bas: à l'Ouest on admire la belle cascade de l'Eiglière qui se précipit'une notable hauteur, venant de la Grande Tour du lac d'Allos.

La route, en continuant à s'élever, vient toucher au village de l'Esteng (1780 m.) étagé sur le versant méridional d'un mamelon herbeux. C'est l'agglomération pérenne la plus élevée de la région, et elle ne comprend qu'une quinzaine de maisons. Encore une forêt de mélèzes, la dernière de ce versant, puis auprès de la chapelle de la Trinité (1789 m.) on entre dans la région pastorale. La vue devient plus étendue et plus intéressante pour l'alpiniste.

Certains contours dans de belles prairies fournissent un spectacle admirable sur les grandes cimes rocheuses qui encadrent la naissance de la vallée.

De ci, de là, divers plissements, divers vallons supérieurs se sont ramifiés à droite et à gauche apportant chacun son tribut au cours d'eau, mais vers l'altitude de 1800, on arrive à la divergence principale considérée comme formant la source du Var. Dans un replat, au pied de la Tête de Gorgias le ruisseau du Garret se joint à celui du Colombier qui dégringole du Col de Sanguinières (2597 m.) et s'est grossi d'une fontaine abondante auprès des chalets des Sanguinières. Le sentier qui remonte à ce col ouvrirait entre la Tête de la Sanguinière et le Pic (2712 m.) un accès supplémentaire vers Bayasse. Les lacets de la route se prononcent au contraire dans le vallon de Garret: le site devient plus ingrat, plus sauvage, et au 137ᵐᵉ kilomètre on se trouve sur le Col de la Cayolle (2352 m.).

Entraunes.

Cette dépression rocailleuse, comprise entre le Sommet du Garret et l'Eschillon (2710 m.) s'ouvre sur l'arête qui sépare le bassin du Var de celui de l'Ubaye, et on en jouit vers le Sud d'une perspective très mouvementée s'étendant jusqu'aux abords de Guillaumes et de Daluis. La vue au Nord est plus sévère et ne porte que sur un berceau pierreux assez pauvre, dominé par les pointes du Chevalier (2889 m.) et de Cairebrun (2828 m.).

Cascade du Var.

La descente se prononce de suite dans ce cirque et quelques lacets pressés y amènent rapidement le voyageur. Au cours de ce trajet, certaines inflexions permettent de voir sur la gauche, comprise entre le Sommet du Garret et le Mont Pelat, l'échancrure du Col de la Petite Cayolle (2643 m.), qui conduirait à Allos par le vallon de Chadoulin.

Les crêtes rocheuses environnantes s'élèvent graduellement, l'empire des rocailles cède la place à la prairie et la route ayant toujours sa direction générale vers le Nord, passe à la cabane de l'Eschillon et arrive aux chalets de Juise (1890 m.). La descente s'est tracée au travers de mamelons herbeux entrecoupés de petits lacs qu'encadrent des pentes d'éboulis et des sommets escarpés dont les crêtes se maintiennent à l'altitude moyenne de 2800 mètres. Ce berceau original du vallon du Bachelard respire une austérité de haute montagne, et quand on se trouve vers le hameau de Bayasse (1797 m.) au point où le ravin descendant du Col de la Moustière se raccorde à celui de la Cayolle, on éprouve à la vue de ses maigres cultures un certain soulagement. Ce cirque supérieur du Bachelard accolé à celui de la Tinée et voisinant avec ceux du Lauzanier, se trouve à l'un des nœuds les plus tourmentés de la dorsale alpestre, non loin de la cime frontière de l'Enchastraye (2956 m.) et des pics les plus élevés de la région des Alpes Maritimes. Aussi le vallon qui en dérive est resserré comme dans un étau entre deux hautes murailles parallèles, celle du Midi courant du Cimet (3022 m.) au Pichs et au Cheval de Bois (2841 m.), celle du Nord passant au Signal de Ventebrun (2853 m. et 2755 m.) à celui de Terres Pleines (2778 m.), au Col de Fours (2319 m.), au Chapeau de Gendarme (2687 m.) et au Pain de Sucre (2563 m.).

Source du Var.

Cascade du Bachelard.

A partir de Bayasse, le vallon, sur la rive droite duquel se dessine la route, commence à s'infléchir vers l'Ouest et l'on rencontre de nombreux hameaux: les Cordiers, les Bellons, les Dauriers, les Ricouds, les Longs, les Girards, les Maurels, jusqu'à ce que l'on parvienne au chef-lieu de la commune, Fours St-Laurent, (1660 m.).

Toujours sur les pentes de la chaîne septentrionale, la route est tracée en dessous du Villard des Amauds, elle passe au Villard d'Abas, puis elle voit cesser la terrasse favorable aux cultures, et elle atteint une région plus étroite où les pentes garnies de forêts plongent jusqu'au lit du torrent. Quand elle a achevé de contourner la base du Pain de Sucre, la gorge s'infléchit à nouveau et reprend la direction du Nord. Sur la rive gauche on aperçoit à une grande hauteur le sillon de la route du col d'Allos, puis on approche du torrent et on retrouve les cultures au village d'Uvernet (1210 m.).

En deux kilomètres on arrive à l'ouverture du vallon, à la jonction avec la route d'Allos et on débouche dans la riante vallée de l'Ubaye. Un virage à l'Est, et deux kilomètres de palier vous amènent à un pont sur l'Ubaye et à la petite ville de Barcelonnette (1133 m. d'altitude — 167 km.).

La dernière des sous-préfectures de France, qui ne soit pas encore desservie par le chemin de fer, ne présente pas l'aspect triste de la plupart des petites villes de montagne. Bien abritée des vents du Nord par les contreforts de la Grande Épervière (2389 m.), largement épanouie au Midi où le recul des montagnes environnantes lui dispense largement l'air et le soleil, elle jouit d'un climat beaucoup plus tempéré que ne le ferait supposer sa hauteur et c'est vraiment une petite Provence. Elle s'orne de nombreuses villas luxueuses, car les enfants du pays s'expatrient volontiers; un beau livre de M. E. Chabrand, les Barcelonnettes au Mexique, nous apprend les efforts méritoires et continus grâce auxquels ont été fondées de prospères maisons de commerce et d'exportation, dont les directeurs enrichis reviennent jouir au berceau natal de fortunes bien acquises.

Troupeau au col de la Cayolle.

Lac d'Allos.

CHAPITRE IV

VARIANTE

Croix couverte d'Annot.

Les Gorges de la Vaire — Annot — La
Colle St-Michel — Le Val du Verdon
Beauvezer et Colmars — Allos
le Col et le Lac d'Allos.

A ses débuts, la Route des Alpes ne pouvait s'établir sur le Col de la
Cayolle qui n'était pas encore ouvert au passage des automobiles. Elle

avait donc adopté le col d'Allos et ce trajet qui n'est pas sans valeur, peut encore être pratiqué pour varier les impressions.

Au pont de Gueydan, on laisse à droite, la haute vallée du Var et l'on continue de remonter à l'Ouest le vallon de la Vaire. La ligne du Sud-France vient rejoindre la route et l'une et l'autre se superposent dans les gorges extrêmement resserrées et pittoresques.

Au village des Scaffarels biffurque la route de Digne, par le col de Toutes Aures, surtout fréquentée en hiver quand les intempéries s'opposent au passage des grands cols.

Annot.

A la fin des gorges, on touche au bourg d'Annot (627 m.), tout entier situé sur la rive gauche de la Vaire, et qui s'allonge à la base d'une montagne où de splendides châtaigniers alternent avec d'énormes blocs de grès. L'agglomération elle-même est fort intéressante: sa partie ancienne est pleine de maisons remontant au XIIe siècle. On y remarque une croix couverte qui a été classée comme monument historique.

La route se poursuit dans une région très boisée et quelques lacets l'amènent sur le seuil du col (1506 m.) où se trouve le petit village de la

Colle St-Michel.

Une halte s'impose pour embrasser un panorama presque circulaire et fort étendu sur le cirque de Peyresq et sur une quantité de moutonnements pelés et ravinés.

La route descend vers le Verdon qu'elle franchit à la côte 1060; après un défilé étroit, elle pénètre dans la petite plaine de Beauvezer (1100 m.), verdoyante et couverte de cultures et de hameaux.

Panorama du Col d'Allos, vers le Nord.

Une vieille église assez intéressante a été désaffectée; sur la petite place se trouvent quelques pensions et, au bas de la colline, un chalet-hôtel de vastes dimensions, au milieu d'un parc délicieux.

Cette partie de la vallée de Verdon est très en vogue comme lieu de villégiature estivale.

On sait, en outre que cette vallée du Verdon, dans une partie basse plus en aval, recèle des gorges extrêmement pittoresques que le célèbre explorateur E. A. Martel a mises à la mode sous le nom de canon du Verdon.

Le village de Riez, situé dans la haute vallée du Verdon, possède des vestiges curieux d'un monument ancien: des colonnes corinthiennes, classées comme monument historique.

Au-delà de Beauvezer, la route passe à Colmars, petite place forte encore entourée de remparts, flanquée à l'aval du Fort de France, à l'amont du Fort de Savoie.

En remontant la rive gauche du Verdon, on arrive à une localité plus connue en alpinisme, Allos. Groupé à 1425 m. d'altitude sur un contre-fort qui sépare les confluents du Boucher et du Chadoulin avec le Verdon, ce bourg doit une certaine renommée à son lac et au col qui lui a pris son nom. Siège du syndicat d'initiative du Haut-Verdon, il s'organise en centre de tourisme, a fait construire un refuge sur les bords du lac d'Allos et s'essaie à monopoliser les ascensions des Trois-Evêchés (2823-2927 m.), de la Grande Séolane (2910 m.), du Cheval de Bois (2735 m.), du Mont Pelet (3053 m.), des Grandes Tours (2745 m.), etc...

Colmars. — Fort de Savoie.

Le lac d'Allos qui est son plus effectif agent de propagande, large de 600 mètres environ, long d'un kilomètre et demi, offre une superficie de 62 hectares. Il est très poissonneux et présente l'agrément de deux îlots dont l'un est surmonté d'une croix. Ses eaux glauques dorment à 2237 m. d'altitude, dans une cuvette morainique, au travers de laquelle elles filtrent, sans écoulement apparent pour aller alimenter en-dessous du bourrelet, à 2173 mètres de hauteur, la source du Chadoulin. Les croupes herbeuses qui l'entourent précèdent les escarpements d'allure dolomitique dans lesquels on distingue les Petites et les Grandes Tours (2745 m.). La beauté du site a fait sa réputation, et on s'y rend également d'Entraunes par le pas de Lausson (2609 m.).

La visite du lac d'Allos demande cinq heures d'aller et retour d'Allos par le vallon du Chadoulin, mais on emploie volontiers la journée entière à l'excursion.

Colonnes de Riez.

En amont d'Allos, le vallon devient de plus en plus pastoral.

Par La Baumette, La Baume, La Tour, les Chalets de la Sestrière, la route parvient au col d'Allos qui donne issue vers la vallée de l'Ubaye.

La descente commence en plein nord et aboutit bien vite à une terrasse sur laquelle est édifié le refuge du Col (2220 m.).

Bientôt, on voit s'ouvrir à droite, le profond abîme du Bachelard et sur les flancs abrupts du Pain de Sucre, on distingue la route du col de la Cayolle que l'on rejoint après de grands détours pour pénétrer avec elle dans la vallée de l'Ubaye et à Barcelonnette.

La Foux.

Une rue de Barcelonnette.

CHAPITRE V

DE BARCELONNETTE A BRIANCON

S^t -Paul-sur-Ubaye et la Condamine. - Le Col de Larche. - Le Col de Vars. - Guillestre.

Fontaine et buste de Manuel.

Dans cette jolie vallée de l'Ubaye, les environs de Barcelonnette sont des plus riants. Au travers de belles propriétés et de fertiles cultures on s'achemine au Nord-Est vers Jausiers à l'extrémité supérieure de la plaine (1240 m.). L'Ubaye y reçoit sur sa rive gauche le torrent d'Abriès découlant d'un vallon infléchi au Sud-Est, vallon qui conduirait au col des

Granges Communes (2512 m.) et au col de Pelousette, (2559 m) communications avec Bouzièyas et Saint-Dalmas le Selvage dans la vallée de la Tinée.

Larche et le Col de Larche.

Jusque là on s'est dirigé à l'Est-Nord-Est, mais le berceau se rétrécit, les parois se rapprochent et en se maintenant sur la rive droite du torrent, on entre dans un défilé qui se prononce plus nettement vers le Nord.

Le paysage est dès lors très resserré : les pentes de chaque côté sont couvertes de forêts et il ne reste qu'une étroite bande de terre au long du torrent.

Refuge du Col de Larche.

Sous l'action du moteur, le diorama se déroule. A nouveau les montagnes s'écartent et on se trouve dans la petite plaine de la Condamine (1310 m). A l'Est, l'horizon se borne aux flancs abrupts de la Tête de Cuguret; de l'Ouest, dégringole la route stratégique du Col du Parpaillon (2802 m.) trajet raccourci vers Embrun; en face on distingue dans la muraille les constructions étagées du fort de Tournoux.

Cette muraille est coupée au Nord-Est par l'ouverture de la haute vallée qui, sombre d'abord, bientôt s'égaie et s'éclaire par le large débouché d'un vallon pastoral bien ensoleillé. Ce vallon entaillé dans la paroi orientale apporte à la rive gauche de l'Ubaye le tribut de l'Ubayette et découle du Col de Larche. Jadis dit de la Madeleine, maintenant désigné sous le nom de Col de Larche, et tantôt sous celui de Col de l'Argentière, ce passage le plus bas de la chaîne alpine (1994 m.) a joué un rôle important dans les relations internationales. Déjà connu et pratiqué au temps des Romains il figure au nombre des quatre trajets au travers des Alpes décrits par Strabon. Il est encore la route la plus importante entre le Col de Tende et celui du Mont Genèvre, et fait communiquer la vallée de Barcelonnette avec celle de Demonte et Coni au revers des Alpes Maritimes.

Clocher de Barcelonnette.

Souvent emprunté par les armées, il a vu passer les légions de Pompée et ce fut peut-être la route d'Asdrubal venant au secours de son frère. François Ier y fit tracer le chemin des canons, et il fut très fréquenté par les soldats aux XVIIe et XVIIIe siècle. De son seuil (1994 m.) on descendrait en Piémont sur le bourg de l'Argentière aux sources de la Stura, et la route se poursuivrait par les bains de Vinadio, Demonte et Borgo San Dalmazzo jusqu'à Coni, dans la vallée du Pô et au pied du Col de Tende.

Partant de Nice pour y revenir par les cols de l'Argentière et de Tende, l'automobile décrirait un magnifique circuit.

Au point de vue ascensionniste ce vallon de l'Ubayette, où l'on peut gîter au village de Larche (1697 m.), est un excellent point de départ pour l'escalade de la Tête de Sautron (3166 m.), de la Tête de Moïse (3110 m.) ou Oronaye, dont le panorama splendide s'étend jusqu'au Mont Viso, et du Pic de l'Enchastraye (2956 m.) qui commande toutes les Alpes Maritimes. Avec moins d'ambition on en visite les Cols de Sautron (2435 m.) et des Monges (2545 m.), la Tête de Viraysse (2785 m.) et celle de Villadel, les lacs d'Oronaye (2407 m.), de Viraysse, du Lauzanier, de Parassac, de Ruburent, etc.

Route du Col de Vars. — Campanile de Faucon.

Au delà du carrefour d'où se ramifie à l'Est la route du Col de Larche, la Route des Alpes franchit l'Ubayette, puis bientôt après repasse par le Pont de Gleyzolles sur la rive droite de la vallée. Elle laisse à sa gauche, un peu en contre haut, le hameau de Tournoux, puis elle voit se refermer devant elle un défilé plus sauvage et plus étroit que les précédents. Revenue un instant sur la rive gauche par le Pont de la Fortune, elle est obligée dans le Pas de la Reyssole de conquérir en partie son assiette sur l'abîme avant de parvenir à la petite plaine de Saint-Paul.

Jusque là sa direction générale a été vers le Nord; elle fait un brusque crochet à l'Est pour toucher à Saint-Paul-sur-Ubaye (1470 m.).

La plaine que commande ce village s'est formée au point de rencontre du vallon du Rioumonal avec la haute vallée de l'Ubaye.

Saint-Paul-sur- Ubaye.

Celle-ci s'incline au Nord-Est le long de la chaîne frontière, et elle se trouve rétrécie et comme écrasée entre cette chaîne qui la sépare du Piémont et la chaîne de Panestrel et de la Fontsancte qui borne les ramifications des vallons d'Escreins et de Ceillac. Les hautes cimes y abondent et si Maljasset (1910 m.), la principale agglomération de sa paroisse de Maurin, était aménagée pour le séjour, elle serait un merveilleux centre d'alpinisme. Le Brec de Chambeyron (3388 m.), l'Aiguille de Chambeyron (3400 m.), la Pointe Haute de Mary, le Grand Rubren (3341 m.), le Péou Roc (3201 m), la Pointe de la Fontsancte (3370m.), celle de Panestrel (3253 m.), la Tête de Paneyron (2786 m.), avec les Cols de Stropia, de la Gippiera, de Marinet, de Mary, du Rubren, de Longet, vers l'Italie, et les Cols Albert, Tronchet (2666 m.), de Girardin (2699 m.), etc.; vers Ceillac, forment un champ de premier ordre qui n'est malheureusement pas mieux desservi sur le versant italien par les rudesses de Prazzo, de Bellino ou de la Chianale.

L'automobile ne saurait s'aventurer dans cette austère région: un brusque virage à gauche le fait pénétrer dans le vallon latéral du Rioumonal et il prend au Nord-Ouest la direction du Col de Vars.

La pente générale est bientôt très accentuée, et de nombreux lacets s'entassent au travers des maigres cultures. Ainsi qu'il convient en pays de montagne, c'est sur le côté exposé au soleil, ici la rive gauche, que s'est tracée la route, et l'horizon d'abord très limité s'agrandit. Une petite forêt tapisse le flanc opposé. On atteint le village de Melezen construit en espalier, et quand on passe des cultures dans la région pastorale on voit bien vite les géants de la frontière s'élever au-dessus des contreforts qui encaissent le vallon. Le Brec de Chambeyron dominateur, avec ses glaces et ses escarpements, fait sur cet ensemble un effet prestigieux; à une autre inflexion le regard plonge jusqu'au vallon de l'Ubayette. Par un très grand lacet à gauche, la route pénètre dans une combe supérieure et perd la vue du bassin du Riou Monal, puis un retour à droite, fait rapprocher les crêtes voisines qui masquent toute vue: en huit kilomètres de Saint-Paul, on parvient sur le seuil du Col de Vars (2115 m.).

Au Col de Vars.

Sainte-Marie-de- Vars.

Un petit monument rappelle que la route a été tracée en 1891 par les troupes alpines. La roche environnante a une teinte noirâtre attristante, et on se hâte d'attaquer la descente en plein Nord. Sur la gauche, à l'Ouest, se creuse une dépression où les eaux se rassemblent pour former un lac sauvage. En face vers le Nord, on aperçoit les pics du Queyrasn et même les glaciers du Pelvoux. On sort d'une espèce de gorge rocailleuse pour déboucher sur un plateau herbeux, en partie marécageux, et l'on arrive au Refuge du Col de Vars (2000 m.). Cette construction est l'un des six Refuges Napoléon, créés dans les Alpes par une clause du testament de Napoléon Ier . Les autres sont les Refuges du Col Agnel, du Col de la Croix, du Col Izoard, du Col de Manse et du Col du Noyer. On sait que la charitable pensée du grand conquérant ne put être mise à exécution que sous le règne de Napoléon III et encore une vague d'économie bien mal appliquée a-t-elle récemment fait abandonner et partant vouer à la destruction, les Refuges du Col Agnel et du Col de la Croix.

Guillestre et Col de Vars.

Refuge du Col de Vars.

En quittant le Refuge, on fait une courte inflexion à l'Ouest, puis on reprend la direction du Nord en entrant dans une belle forêt de mélèzes.

Porche de l'Eglise de Guillestre.

Quelques lacets vous amènent au hameau de Sainte-Marie de Vars (1654 m.) où l'on commence à jouir d'un magnifique panorama. Les crêtes de droite qui contiennent le vallon d'Escreins ne servent que de cadre, mais en face le massif de Furfande développe tous ses reliefs, les crêtes de Catinat, l'Aiguille du Ratier, le Pic de Béai Traversier, le Jalon, Jambe Route, Maravoise, le Haut Mouriare, Pierre Eyrautz, Clot la Cime, etc. Sur la droite l'étincelante pyramide du Grand Rochebrune et sur la gauche toutes les blancheurs du massif du Pelvoux, l'Eyglière, l'Aléfroide, le Mont Salvador-Guillemin, le Grand Pelvoux, la Barre des Ecrins, le Pic de Neige Cordier, Séguret Foran etc. Les yeux sont charmés par ces visions tandis que l'on court en palier jusqu'au village de Vars (1660 m.), puis la descente se prononce à nouveau sur un éperon qui sépare le vallon du Rioubel (Escreins) du large vallon du Chagne. Des lacets vertigineux et pressés se succèdent, mais l'on s'abaisse rapidement, l'éperon s'élargit, on distingue plus nettement le Mont Dauphin sur son rocher, et franchissant le Rioubel l'autocar fait son entrée dans la vieille ville de Guillestre (975 m., 50 km. de Barcelonnette.).

Guillestre était au moyen âge une place forte. On y affluait par souci de sécurité, et, la place manquant, les maisons s'entassaient les unes sur les autres. Les temps modernes ont jeté bas les murailles mais les rues sont demeurées étroites, la route ne s'y hasarde pas, et elle contourne la cité au Sud par l'emplacement de l'ancien rempart.

Le joyau de Guillestre est son église, beau monument du xve siècle dont le porche est soutenu par de grêles colonnettes portées sur des lions accroupis. On remarque aussi sur la petite place une fontaine monumentale élevée à la mémoire du général Albert, enfant du pays.

De Guillestre une descente assez brève (4 km. environ) amènerait au niveau de la Durance (890 m.) à la grande route de Gap à Briançon (ou de Sisteron à Turin) et permettrait de l'emprunter pour continuer le trajet. Mais ce parcours au long de la gorge de la Durance, ne pouvait correspondre à la pensée des organisateurs de la Route des Alpes, car il laissait dans l'ombre une des plus remarquables beautés de nos montagnes, et elle se poursuit au travers de la merveilleuse Combe de Queyras, qu'elle eut été impardonnable de ne pas traverser.

Route du Col de Vars. Lacets de Peyre-Haute.

Château Queyras.

VI

LA COMBE DE QUEYRAS

Un coup d'œil sur la vallée du Guil: Château Queyras.
Aiguilles. - Abriès. - La région du Viso. - La Casse
Déserte et le col Izoard. - La vallée de Cerviéres.
- Le Bacchu-Ber.

Salières en pierre du Haut-Queyras.

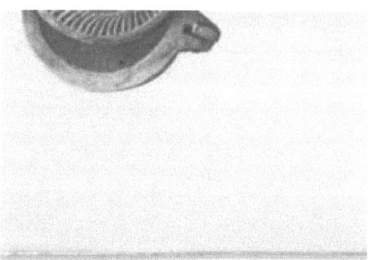

La viabilité du Queyras est un problème dont la solution a souvent préoccupé l'attention. Cette région importante occupe à l'altitude moyenne de 1500 mètres un vaste berceau, bassin du Guil et de ses affluents, entouré de toutes parts de remparts abrupts et n'ayant pour issue qu'une étroite fissure, l'écoulement que s'est taillé le travail millénaire du torrent au travers d'une barre épaisse de calcaire et de quartzites. Les autochtones n'en sortaient que par des cols de plus de 2000 mètres. Les conquérants romains avaient établi une voie de pénétration sur les hauteurs, ce ne fut qu'au moyen âge qu'on essaya de suivre le cours des eaux: en 1507 Jacques Signot indique qu'il fallait à quinze reprises différentes franchir le torrent.

Ce trajet au fond de la combe fut graduellement amélioré, mais la très grande difficulté était au débouché vers la plaine de la Durance où les escarpements étaient inabordables. On y arrivait par le bassin du Chagne en franchissant le Col de la Viste qui obligeait à une contre pente très pénible (les Tourniquets) pour atteindre la Combe au confluent du Guil et du Cristillan. Ce n'est qu'à une époque fort récente, au commencement du XXe siècle, qu'un travail en encorbellement a permis d'éviter la Viste et d'aborder de plain pied le magnifique défilé. Encore la servitude des marchés de Guillestre a-t-elle imposé un détour inutile.

Gorges du Guil, près de l'Ange Gardien.

Au départ de Guillestre, la route décrit deux volutes à travers les plan-
tureuses terres du bassin du Chagne puis elle traverse par un court tunnel
un épaulement de la Viste et se trouve lancée comme en balcon au dessus
des abîmes du Guil. Un trajet âpre et sauvage, tout taillé dans le rocher,
en face d'une autre roche aussi aride, franchit le goulet, et amène sur la
petite terrasse où l'on retrouve la Maison du Roi, au point de jonction des
anciens tourniquets.

Combe du Guil.

L'auberge, qui s'est affublée de ce nom prétentieux, se targue d'une franchise que lui aurait accordée le roi Louis XIII, en récompense de son hospitalité ; et elle en donne, pour preuve, une vieille toile aux trois fleurs de lys avec cette légende: «Sauvegarde du Roy.» Ne contrarions pas trop les vieilles légendes qui sont, elles aussi, un parfum du terroir, mais les historiens soutiennent que si les troupes de Louis XIII passèrent par le Queyras allant guerroyer en Italie, lui-même passa par le Mont Cenis. A quelques pas de la Maison du Roi, on franchit le Cristillan, très fort torrent qui s'écoule de la longue et pittoresque, mais presque désertique vallée de Ceillac, et on laisse à droite la route qui la dessert. Cette vallée de Ceillac fait-elle ou non partie du Queyras? Controverse ardue, et sans intérêt pratique. Il se peut qu'elle n'ait pas été comprise dans l'organisation spéciale des Escartons, qui régissait les franchises d'une sorte de république queyrassine, mais au point de vue physique et géologique on ne saurait la distraire du bassin général du Guil.

Un léger retour à gauche amène au premier des quinze ponts, et sur la rive droite, on entre dans le fameux défilé de la Combe. Pendant un parcours de dix kilomètres on se trouve dans un enchantement continuel. Les murailles de cette étroite fissure varient de 150 à 400 mètres de hauteur.

Défilé de la Chapelue.

La roche très compacte et solide ne s'est guère éboulée et les parois sont demeurées presque verticales sur la plus grande partie de la longueur. Chaque inflexion du couloir produit un nouveau tableau aussi merveilleux que les précédents. Les éléments du paysage sont, de même que dans toutes les gorges des Alpes, une heureuse alliance des rocs, des eaux et de la verdure, mais ici les roches sont plus chaudement colorées, plus diversement brisées, les eaux d'une limpidité parfaite affectent cette nuance bleuâtre qui fait donner au Queyras le nom de Val d'Azur, et la végétation sombre et tourmentée des pins, alternant souvent avec la douce verdure des mélèzes, ajoute à l'ensemble une note plus étrange.

Suivant les besoins de sa sécurité la route serpente tantôt sur l'une tantôt sur l'autre rive: elle arrive à un évasement où s'est installé le hameau du Veyer. Sur la rive droite un ravin boisé donne passage à un chemin qui grimpe au village des Escoyéres (1550 m.) ancien centre de la domination romaine. Sur la rive gauche un vaste effondrement, tout tapissé de forêts, monte au village de Montbardon, à la chapelle Sainte-Arsène, et aux prairies du Col Fromage.

Puis le décor se referme subitement par le défilé de la Chapelue, étroite fente de deux rochers gigantesques entre lesquels se profile la svelte aiguille du Pic de Rochebrune.

Château Queyras.

Maison dans le Haut-Queyras.

En amont de ce défilé, une vision du Guil se débattant entre les rocs est d'un effet si surprenant que tous les photographes s'y arrêtent. Puis le défilé de la Combe reprend son empire avec peut-être une plus grande quantité de forêts jusqu'à ce qu'il vienne se buter contre le Roc de l'Ange gardien, colossale sentinelle qui au confluent du Guil avec son affluent l'Eau d'Arvieux se dresse barrant la vallée.

Le flot du Guil s'est fait jour par une étroite fissure entre l'Ange gardien et la rive gauche de la vallée, l'Eau d'Arvieux découle au pied de la rive droite, et c'est dans sa direction que remonte la route décrivant un grand lacet qui l'amène au haut de l'obstacle. La Combe est terminée et l'on voit s'ouvrir devant soi le plateau du Queyras largement évasé et précédé de la robuste silhouette de sa forteresse, Château Queyras.

Fort Queyras.

Intérieur de Maison à Saint-Véran

Type de Rouet du Haut-Queyras.

A peine a-t-on dépassé cette sorte de col qui rattache l'Ange gardien aux pentes de la rive droite que l'on arrive au carrefour de la route du Col Izoard. C'est par elle que se continue le trajet, mais ce serait commettre une faute que de dédaigner des beautés si bien à notre portée, et ouvrant une parenthèse sur le parcours principal, nous prenons à droite pour faire une connaissance plus complète avec la haute vallée du Queyras.

En quelques minutes on touche à Château Queyras dont l'aspect dominateur et pittoresque est inoubliable. La route s'insinue dans une sorte de creux axillaire, entre le renflement et la montagne de Souliers dont il émane, elle traverse le petit village qui s'est groupé à l'abri du fort et elle parvient dans un berceau évasé abondamment cultivé, qui est le Haut-Queyras. Bientôt on est au contact de Ville-vieille, la plus ancienne agglomération de la région, au débouché de la vallée de Molines qui ouvre vers le Sud son long bassin et remonte à Fontgillarde, au Col Agnel et à Saint-Véran, le plus haut village de France (2040 m.).

Tambour à dentelle du Haut-Queyras.

Un petit ressaut et quelques gorges minuscules du Guil nous amènent au chef lieu administratif du pays, le gros bourg d'Aiguilles, établi sur le confluent du Guil avec le torrent de Lombard.

Coffres de mariage du Haut-Queyras.

Chaîne taillée en plein bois.

La physionomie de cette localité est bien curieuse. A l'altitude de 1472 mètres, on rencontre généralement dans les Alpes des habitations assez misérables; ici au contraire, nous nous trouvons en présence d'une véritable petite ville à laquelle toute une série d'élégantes villas forme une ceinture des plus luxueuses. C'est que l'activité des gens du pays a fait de l'excès de misère jaillir l'abondance. Comme la neige couvre les terres pendant de très longs mois d'hiver et qu'aucun travail n'est possible, les Queyrassiens s'expatrient. Depuis longtemps des gens d'Aiguilles vont dans l'Amérique du Sud. Au Brésil ou dans l'Argentine, ils ont fondé des maisons prospères et celui qui a fait fortune transmet sa maison à un fils, frère, neveu ou cousin, et revient se faire bâtir un château au pays. On connait à Aiguilles la partie de boules des millionnaires.

A briés.

Ce centre important a voulu fixer aussi l'attention des touristes et il a créé, près du Guil assagi, un grand hôtel où les auto-cars de la Route des Alpes viennent faire l'escale du déjeuner.

Six kilomètres de route, dans une sorte de berceau prolongé, conduisent d'Aiguilles à Abriès, la capitale touristique du pays. Au pied de la chaîne frontière qui y culmine au belvéder renommé du Pelvas (2936 m.) Abriès monte la garde au croisement des vallées du Roux et du Haut Guil qui se développent en divergeant l'une et l'autre le long de la dorsale.

La vallée septentrionale du Roux, drainée par le torrent du Bouchet, donne accès au site ravissant de Valpréveyre au revers du Pelvas, au Bric Bouchet, escalade ardue de 3003 m., au Bric Froid 3310 m. et même au Grand Glaisa (3286 m.). Elle voisine avec la vallée piémontaise de Bobbio, de Torre Pellice et de Pignerol par les cols d'Urine, de Malaure et de Bouchet et avec celle de Cézanne par les cols de la Mayt et des Turres. Elle renferme de gracieux paysages, notamment au Bois Noir, au Bois de l'Issartin ou au Bois de Mamozel.

Les alpinistes gîtent au bon hôtel d'Abriès (1552 m.), toujours encombré durant la belle saison, pour rayonner vers les cimes qui entourent le vallon du Haut Guil et, notamment vers le prestigieux Mont Viso (3843 m.) qui, bien que situé en Italie, est par sa prééminence le Roi de ces montagnes.

Le Viso.

La route carrossable continue au delà d'Abriès pendant une dizaine de kilomètres, desservant les villages de Ristolas et de la Monta, et se prolonge même légèrement au delà de l'Echalp. Sur la rive gauche du Guil, et un peu en dehors du tracé de la route, Ristolas (1633 m.) est le point de départ de l'ascension du Pic de Ségure (2997 m.), la promenade favorite des estivants. Le sommet, gravi sans grands efforts, fournit un panorama semi-circulaire sur la chaîne frontière. Un peu plus loin, la Monta est à l'intersection de la route muletière du Col de la Croix, très fréquentée par les habitants de Bobbio qui viennent par là écouler leurs produits sur l'important marché d'Abriès. On sait que le mouvement considérable d'échanges qui s'opèrent par cette voie difficile a suscité un grand courant d'opinion en faveur de la création d'une route automobile par ce col de 2309 mètres. Désirable au point de vue local, cette route donnerait un nouvel élan à la fréquentation du Haut Queyras qui ne serait plus une impasse.

La Monta.

L'Echalp (1695 m.) est le dernier village de la région culturale et, sitôt ses maisons dépassées, commence une belle ceinture de forêts heureusement conservées. En traversant le Guil, sur un curieux pont de bois, on monte par un bon chemin muletier à l'Alpe renommée de la Médille, vaste clairière fraîche et reposante, d'où l'on peut contempler à son aise la superbe ordonnance du Grand Mont Viso. En continuant à s'élever par les pentes supérieures, ce sont de nouvelles beautés que l'on savoure, sur les bords du lac Egourgeou, du lac Baricle, du sauvage lac Foréant; on peut atteindre le Col Vieux (2738 m.) et par lui le Col Agnel (2699 m.) qui ouvrirait une descente vers la Chianale et la vallée de la Varaita.

Abreuvoir à la Monta.

Haut-Queyras: L'Echalp

Mais si l'on s'attache à remonter le Guil, on parvient bientôt dans un site d'une grandeur spéciale, où les chalets de Ruines se groupent au pied du Rocher Écroulé. On se dirait ici dans une impasse, et sur tout le pourtour des escarpements abrupts auxquels s'accrochent désespérément des pins échevelés semblent fermer toute issue. C'est par les bords de la fente du Guil que l'on s'en évade et qu'on accède au bassin supérieur largement ouvert et entouré d'un cirque de cimes splendides. D'un ressaut tout proche de l'ancien Refuge des Lyonnais, le coup d'œil embrasse les crêtes de la Traversette, les Roches de la Punta Gastaldi, l'échancrure du Col Valante que domine la majestueuse carrure du Mont Viso, l'arête de la Pointe Joanne, les pentes de la Grande Aiguillette et le cône de la Pointe d'Asti. A vos pieds, le Guil trace des méandres dans la vasque horizontale d'un ancien lac, de droite et de gauche quelques vieux mélèzes montrent encore les derniers restes de la végétation arborescente, et le site vous pénètre d'une impression inoubliable.

C'est là que divergent deux chemins fréquentés conduisant dans les hautes vallées piémontaises: en face remontant toujours les rapides du Guil et passant auprès de sa source, l'intéressant lac LESTIO, le chemin du Col Valante (2795 m.) qui tend à Casteldelfino; à gauche le sentier du Col de la Traversette, accès du Plan du Roi, de Crissolo et de Saluces. Beaucoup plus usité que le précédent ce trajet a depuis plusieurs siècles supprimé la pénible escalade des pentes terminales du col par le curieux tunnel appelé Trou de la Traversette ou Bouche du Viso (2950 m.). Ouvert au pic et au ciseau en 1480, ce passage souterrain de 72 mètres de longueur sur 2 mètres de haut fut a plusieurs reprises obstrué volontairement au cours de guerres, ou encore accidentellement par les intempéries. Il a été rouvert en 1906 grâce à un concours financier du Touring Club de France qui a fait aussi, d'accord avec le Club Alpin français, ériger à proximité le Refuge Ballif-Viso. Un courant intensif s'est établi par cette voie scabreuse, entre les grasses campagnes de Saluces et les centres de consommation des Hautes Alpes. Le chemin, toujours bien entretenu par cette affluence, offre aux touristes et aux alpinistes une commode voie d'accès vers ces montagnes, vers les sources du Pô et même vers la belle ascension du Mont Viso.

La Casse déserte.

Après ce rapide coup d'œil aux beautés du Queyras, nous revenons à l'Ange gardien, et nous pénétrons dans la vallée affluente d'Arvieux.

La route atteint rapidement le chef lieu delà commune où il convient d'aller voir le porche sculpté de la vieille église et son clocher roman (1550 m.). Le vallon, d'abord très mouvementé, se régularise et s'élargit, les hameaux que l'on traverse, le Coin, la Chalp, ont un air d'aisance, et l'on arrive au plus élevé, Brunissard (1785 m.) au pied de la barrière terminale. Le torrent s'incurve à l'Ouest et s'enfonce dans un dédale de montagnes, Pic de Maravoise, Pic de Chabriller, Pic de Balart, etc. pour aller prendre sa source au pied du Col de Néal (2540 m.).

Arvieux.

Brunissard.

Naguère le chemin muletier s'élevait sur le flanc occidental du Pic de la Colline et dans la dépression qui l'accompagne pour gagner directement le Col Izoard. Plus ménagère des efforts la route décrit de nombreux lacets, au cours desquels on jouit d'une vue plongeante, de plus en plus allongée, sur le Val d'Arvieux, les montagnes qui l'encaissent et même au delà du Guil sur les crêtes de la vallée de Ceillac et de celle de l'Ubaye. Puis quand on a gravi le contrefort boisé, on se trouve dans un décor saisissant. Toute la pente de la montagne n'est qu'un immense et instable éboulis. Depuis les rochers saillants du sommet jusqu'au plus profond de la combe, c'est un entassement continu de pierres croulantes. Privé de son revêtement protecteur, la roche, de nature magnésienne, a été profondément altérée par les éléments. Fissurée, brisée, elle se délite, en fragments qu'entraine la pesanteur et dont la pluie précipite la chute.

C'est une désolation sans fin, la ruine, l'agonie de la montagne. Dans leur incessante avalanche les pierres ont rasé la forêt dont il ne subsiste plus que de rares témoins. Par place quelques nodules plus résistants ont formé des tours, des aiguilles. La route s'est taillé un passage dans ce chaos attristant que l'on appelle la Casse Déserte et c'est avec un recueillement, non exempt d'anxiété, que l'on traverse ce site extraordinaire.

Quand on retrouve un peu de gazon on est bien vite au seuil du Col Izoard (2388 m.).

Sa situation dans l'axe de la vallée d'Arvieux lui procure un panorama étendu, et son altitude lui permet au Nord de dominer un fouillis de moutonnements herbeux ou forestiers. La vue s'étend jusqu'au fond de la vallée de Névache, à l'Aiguille Noire et au Mont Thabor. Sur la droite on aperçoit au haut d'une autre casse, le Col Perdu, itinéraire d'ascension du Grand Pic de Rochebrune (3324 m.)

Dans un repli verdoyant reluit le Refuge du Col Izoard (2300 m.). Habité toute l'année par un cantonnier chef, il est destiné à servir d'abri et d'hospice aux voyageurs qui même l'hiver, sont nombreux sur ce parcours. Très anciennement connu et pratiqué, désigné en 1622 sous le nom de Col de Cervières, ce passage était le principal accès du Queyras avant la régularisation de la route de la Combe.

La Casse déserte.

93

A peu de distance du Refuge on entre dans une belle forêt de sapins dite la forêt de Loubatières, qui tapisse tout le revers oriental de la Pointe de Peygu. Trois doubles lacets sur la rive gauche d'un ravin amènent au hameau du Laus (1745 m.).

Refuge et Col d'Isard.

Dans un vallon plus élargi, le Blétonnet descendant de la Casse des Oules, on suit la base croulante de la Cime de Lasserou ou la Seru (2703 m.) et on atteint le village de Cervières (1605 m.).

La valllée de la Cerveyrette qui dans sa partie supérieure vient s'allonger auprès de la grande dorsale alpestre, remonte à une sorte d'étoilement d'où divergent plusieurs vallons conduisant à un éventail de cols: Col du Gondran qui ramène aux sources de la Durance et au Mont Genèvre, Col de Gunont, Col du Bonsson (2T66 m.), Col de Chabaud, etc., qui conduisent dans la vallée italienne des Turres; quant au vallon de la Haute Cerveyrette, courant entre le Turge de la Suffie et les crêtes de Dourmillouse, il va prendre naissance au Col de Malrif par lequel il communique avec Abriès, et peut servir d'accès au Grand Glaisa et au Pic de Rochebrune.

Animée par tous ces chemins, Cervières a été un centre d'une certaine importance. Massée sur la rive gauche du torrent elle avait essaimé sur la rive droite son faubourg de l'Adret avec la belle chapelle Saint-Michel. La progression constante des éboulis en recouvrant ses champs et en paralysant ses cultures a découragé beaucoup d'habitants qui l'ont abandonnée, et l'ont y voit diverses maisons désertes et en ruines.

On franchit la Cerveyrette, et l'on suit la direction de la vallée. Le paysage devient fort pittoresque. Au long du torrent qui se brise en rapides la rive gauche est toute tapissée de forêts: la poussière d'eau irise la lumière, et la gorge qui s'évase peu à peu laisse apercevoir l'étincelant Massif du Pelvoux. Au moment de déboucher sur la vallée de la Durance on laisse à gauche le svelte Pont Baldy, chemin du fort de la Croix de Bretagne, puis tandis que la Cerveyrette se précipite en cascades pour porter son tribut à la rivière, la route décrit un grand lacet aux flancs du Randouillet. Au delà de Font-Christiane, elle trouve un carrefour dont l'une des branches descend à Pont de Cervières, tandis que l'autre aboutit à la gare de Briançon (1215 m. d'altitude. — 119 km. de Barcelonnette).

Le village de Pont de Cervières près du confluent de la Cerveyrette et de la Durance attire l'attention par une curieuse coutume, le bacchu-ber. Cette danse qui lui est spéciale, est une sorte de pyrrhique ou danse des épées, dont le rythme s'accompagne d'un chant assez monotone. L'origine en est très discutée, et cette discussion a eu du moins l'heureux effet de la remettre en honneur, car de même que les vieux costumes et les vieilles légendes de provinces, elle était en voie de disparition.

Le Bacchu-Ber.

Briançon.

VII

BRIANÇON ET SES ENVIRONS

De Briançon à Grenoble. - Le Col du Lautaret.
La Route de l'Oisans. - La Grave et la Meidje.
Vizille et son château. - Uriage-les-Bains.

Au débouché de la route du Mont Genèvre, du passage le plus anciennement connu d'Italie en Gaule, il était naturel que se groupassent des habitations. Pour la sécurité de leur voie du Mons Matrona, les Romains y avaient installé un oppidum sous le nom de Brigantio. La situation s'imposait et la France entoura d'une triple ceinture de murailles l'agglomération qui s'était formée sur le penchant de la forteresse. Plus tard, de nouvelles nécessités militaires amenèrent la construction de forts détachés jusqu'à 2400 mètres sur les divers sommets voisins et firent de Briançon un véritable camp retranché.

La ville en très forte pente, et dont la partie supérieure au Champ de Mars et à la Porte de Pignerol se trouve à l'altitude de 1326 mètres, domine d'une grande hauteur la plaine et le cours de la Durance. Un faubourg qu'on nomme Ste-Catherine s'en est détaché vers le confluent de la Guisanne avec la rivière, à la cote de 1215 mètres et c'est là qu'est venue se fixer la station du chemin de fer P. L. M. A cette gare terminus s'est adjoint un hôtel confortable, et de ce centre rayonnent les entreprises de transport qui desservent les environs. Ce faubourg s'agrandit aux dépens de la ville supérieure où l'habitat est moins commode et devient peu à peu le véritable Briançon.

Porte de Briançon et Petite Gargouille.

Briançon. — Fontaine des Soupirs.

Situé à un étoilement de vallées, entre la chaîne frontière et le massif du Pelvoux, à portée de sommets intéressants, ce centre se recommande tout particulièrement à l'alpiniste. Outre la vallée de la Cerveyrette que nous venons de parcourir et la vallée de la Guisanne par laquelle nous en sortirons, Briançon commande encore une vallée alpine des plus attrayantes celle de Névache, parcourue par la Clairée. S'embranchant au pied du Mont Genèvre sur la Haute Durance, celle-ci pénètre au long de la frontière jusqu'au col des Rochilles, jusqu'à la base du Mont Thabor, et fournit une série de promenades charmantes, mais elle est une impasse pour les voitures, et ce sont seulement des chemins muletiers qui la font communiquer avec les vallées voisines de Savoie ou de Piémont.

Haut-relief trouvé à Briançon.

La Route des Alpes au sortir de Briançon entre dans la vallée de la Guisanne et la remonte jusqu'à sa source pour y trouver le Col du Lautaret.

Dans ce parcours de vingt kilomètres, elle traverse d'abord le Monestier de Briançon, aujourd'hui Monêtier-les-Bains (1482 m.), petite station thermale au pied du col de l'Eychauda qui conduit en Vallouise. Puis elle passe au Casset, à l'entrée du vallon du Petit Tabuc écoulement des grands glaciers du Casset et du Monètier, au Lauzet, petite exploitation d'anthracite, et décrit un large contour à la base du Grand Galibier pour parvenir au Col, à l'Hospice et aux grands hôtels du Lautaret (2058 m.).

Les magnifiques prairies du Lautaret ont été célébrées dans le monde des botanistes bien avant le développement du tourisme. A la fin du

XVIIIe siècle Dominique Villars les considérait comme le gîte le plus précieux du Dauphiné ; au siècle dernier, les précurseurs des alpinistes, le docteur Grenier, Mathonnet, Benoit Jayet et tant d'autres y faisaient de merveilleuses récoltes, et l'Université de Grenoble y a établi un Jardin Alpin pour la conservation des plantes en voie de disparition.

Tombeau trouvé à Briançon.

En s'élevant plus haut encore, on agrandit considérablement son horizon, mais les alpinistes au jarret robuste qui gravissent au Sud les pentes abruptes de Combeynot (3163 m.) jouissent d'un panorama étourdissant sur tout un monde de rocs et de glaces étalé autour d'eux. Les pics de Près-les-Fonds, la Montagne des Agneaux (3660 m.) au double sommet,

les crêtes du Glacier Blanc, le Pic de Neige Cordier (3613 m.), les dentelures de Roche Faurio, la superbe Barre des Escrins (4103 m.), la Roche
d'Alvau, le Pic Bourcet, les festons de la Grande Ruine, l'énorme masse
du Pic Gaspard (3880 m.) et la pointe aiguë de la Meidje (3982 m.)
semblent suspendus dans les airs, au-dessus de ces nappes de glaces qui
sont le Glacier du Casset, le Glacier d'Arsine, le Glacier de la Plate des
Agneaux, celui des Cavales, etc. La vue plonge au Sud sur les sources de
la Romanche, et s'étend au Nord sur le massif des Aiguilles d'Arves et du
Goléon, et sur les cimes de la Maurienne jusqu'au scintillement du Mont-
Blanc.

Monnetier-les-Bains.

Du Col du Lautaret une promenade agréable conduit à l'Alpe du Villard d'Arène, et au Col d'Arsine, qui dans un paysage grandiose ramène-

rait au Casset.

La Meidje.

Panorama de Briançon.

Très intéressant par lui-même, ce Col du Lautaret a une importance géographique considérable: c'est le point par lequel le grand massif du Pelvoux se rattache aux contreforts de la chaîne dorsale des Alpes et c'est jusqu'au Col de Manse le seul passage pratique entre le bassin de la Durance et celui de l'Isère. C'est de même vers la Maurienne le point de départ de la route du Col du Galibier. Aussi a-t-il été fréquenté de tous temps, et les Romains qui y faisaient passer leur voie militaire de Turin à Vienne, émus de l'austérité des lieux, y avaient construit un petit temple (altaretum) destiné à conjurer les divinités de la montagne. Désigné à cause de cela sous le nom de collis de altareto que nous voyons encore mentionné dans des titres du XIe siècle, il est devenu par corruption le Col de l'Autaret, puis du Lautaret.

A partir de l'arête du col, l'eau s'écoule vers la Romanche, tributaire du Drac, affluent lui-même de l'Isère. Bien que par une singulière erreur la limite administrative des départements soit reportée plus loin, la tradition y fait commencer le pays de l'Oisans, et la Route des Alpes désireuse de parcourir ses sites émouvants y dévale allégrement dans la direction de l'Ouest.

Bientôt dégagée d'un entonnoir de prairies luxuriantes entre la base des Trois Évêchés et les pentes de l'Alp-Richard contrefort de Combeynot, la route se trouve lancée sur le bord d'un précipice au fond duquel mugit et se brise la Romanche naissante. Un coup de théâtre dévoile brusquement au voyageur l'hémicycle de glaciers et de pics d'où s'écoule le torrent, et pendant un court trajet l'éventail sommital de la Barre des Escrins vient se superposer aux crêtes du Glacier Blanc. Là-bas miroite la Cascade de l'Ane à Falque, puis la vision lumineuse disparaît et les contreforts du massif de la Meidje se referment comme des portants de théâtre. Dans un décor qui se resserre un double lacet descend rapidement, on laisse à droite le chemin du gracieux Lac du Pontet, à gauche on est rejoint par une petite route qui vient du Pied du Col, et par lui du Refuge de l'Alpe (2079 m.) ainsi que de tous ces cols étalés autour des sources de la Romanche, Col Emile Pic, Col de Roche Faurio, de la Casse Déserte, Col de la Grande Ruine, Col du Clot des Cavales, Col du Pavé, etc. Mais nous approchons maintenant du Villard d'Arène.

Ancienne Ecclesia de Arenis Superioribus, cette paroisse à 1651 m. d'altitude est la plus haute de la vallée. La route passe près d'elle et un double lacet conduit à l'orifice d'un grand tunnel, suivi d'un autre plus court, qui permettent de braver la ruine de deux éperons schisteux, et l'on arrive enfin au gros bourg de la Grave (1500 m.) la capitale de l'Oisans supérieur.

Muraille du pic Gaspard.

Au cours de la descente, on a pu se rendre compte de la singulière configuration d'un plateau incliné qui expose aux rayons du soleil les terres fort élevées où se sont groupées à une altitude graduée jusqu'à 2000 mètres les maisons de Ventelon, de Pramélier des Hières et des Terrasses, sortes de faubourgs de la Grave, espacés sur les chemins des Col du Goléon, Lombard, de Martignare, etc. De là, les alpinistes s'élancent vers les Aiguilles d'Arves, le Signal de Goléon (3426 m.), le Bec de Grenier, les Aiguilles de la Saussaz. Moins ambitieux les promeneurs gravissent, au delà des Terrasses le délicieux plateau des Près de Paris (2154-

2450 m.) d'où la chaîne des Meidje, du Râteau et des glaciers du Mont de Lent se développe en un panorama sans pareil.

Les maisons de la Grave s'étagent entre l'église au clocher roman, et la route sur laquelle s'ouvrent les deux principaux hôtels. De la terrasse des dits hôtels, on est comme écrasé par le colossal rempart des Meidje. La Centrale et l'Occidentale, noires, heurtées, déchirées, contrastent avec la blancheur de l'Orientale, et s'enlèvent brutalement sur le ciel au dessus des cascades de séracs des Glaciers de la Meidje et de Tabuchet. En hiver, le soleil disparaît derrière elles à l'heure de midi et c'est ce qui avait amené nos aïeux observateurs à donner à la montagne ce nom symbolique de l'Œuille de la

Massif de la Meidje, vu du Lautaret.

110

Meidjour (l'Aiguille de Midi) d'où une abréviation courante a fait la Meidje. Depuis Whymper qui osa traverser le premier la Brèche de la Meidje et Boileau de Castelneau, le premier vainqueur de la grande aiguille

Chalet au P. L. M. au Lautaret.

(3982 m.), nombreux ont été les ascensionnistes qui sont allés s'y griser de la pure ivresse des horizons immenses, mais c'est toujours une entreprise hasardeuse, pour laquelle il est prudent de requérir l'assistance des bons guides diplômés par la Société des Touristes et par le Club Alpin. On peut chercher des prouesses moins éclatantes à la Chalvachère, au Lac de Puy Vacher, au Col de Pacave ou à celui de la Lauze, et les amis de la haute montagne, ne regrettent jamais un séjour à la Grave.

La Grave.

Poursuivant ses destinées, la Romanche s'enfonce dans un long corridor orienté à l'Ouest, et compris entre les assises rocheuses qui supportent les immenses glaciers du Mont de Lent, et les escarpements par lesquels s'effondre la chaîne des Aiguilles d'Arves et des Grandes Rousses. La route l'y accompagne dans un site sauvage qui mérite le nom de Gorge de Mallaval. On passe devant la belle cascade des Fréaux qui projette les écoulements du vallon du Chazelet, et devant les bâtiments abandonnés des mines du Grand Clot. Puis laissant sur la rive gauche de la Romanche quelques vestiges de l'Hospice de l'Oche, on retrouve le village des Dauphins(1050 m.)

Un petit berceau presque horizontal qui présente les caractères d'un ancien lac, vient se heurter à un barrage rocheux. La voie romaine (et après elle la route delphinale qui s'était installée sur sa chaussée) ne pouvant le franchir, l'avait surmonté en s'élevant jusqu'aux terrasses du Mont de Lent où son passage est encore très reconnaissable ainsi que l'ouvrage si caractéristique appelé la Porte Romaine. Les ingénieurs modernes y ont percé le tunnel du Chambon. Grâce à lui la route suivant de très près la rive gauche du torrent, après avoir dépassé le confluent du Ferrand et le pont de la route de Mizoen, atteint le bourg du Fréney (927 m.).

Le matin au lac Lérié et la Meidje.

Intérieur du musée alpin du Lautaret.

Entre deux défilés rocheux, le site du Fréney n'en paraît que plus attrayant; il a déjà de fidèles admirateurs. Certains se contentent d'y respirer l'air vif de la montagne, les autres y viennent pour le faisceau de promenades qui en rayonnent: au Nord sur la rive droite, la visite de Mizoen, d'Auris, de Clavans et de Besse, l'excursion du Col de Cluys conduisant aux mines de Brandes et à la Tour du Roi Ladre, ou celle de la cascade du Ferrand sur le chemin du Col des Quirlies et de l'Étendard; au Sud sur la rive gauche, les excursions de la Porte Romaine, de Bons, du Mont de Lent, du Col de l'Alpe et des grands glaciers qui du Refuge du Lac Noir au Col de la Selle recouvrent toute la croupe de la montagne. La monotonie, certes, n'y est pas à craindre.

Le Bourg d'Oisans.

Mais au sortir de ce berceau les roches reprennent leur empire et après une courte contre-pente exigée par l'aspérité des lieux, la route se plonge dans la Gorge de l'Infernet pour gagner par l'austère Rampe des Commères la plaine de l'Oisans.

Au bas de la rampe, on est rejoint à gauche par la route de la Bérarde et virant franchement à droite, on franchit la Romanche par le Pont Sainte Guillerme.

Le paysage environnant remplit d'étonnement ceux qui le contemplent pour la première fois. La plaine de l'Oisans orientée du Sud au Nord longue de 16 kilomètres, large de 1000 à 1200 mètres, est environnée de toutes parts par des murailles abruptes aux bizarres dessins.

Sa configuration fait penser à un vaste cratère, dont les parois ne seraient égueulées que sur trois points: au Sud l'ouverture de la vallée du

Vénéon qui découle de la Meidje, des Escrins et des Bans, à l'Ouest celle de la Lignare, et au Nord celle de l'Eau d'Olle.

On sait que ce fut autrefois un ancien lac, le lac Saint-Laurent, dont le barrage se rompit aux temps historiques, le 13 septembre 1219, et dont les eaux dévastèrent Grenoble. L'incessant apport de ses nombreux torrents l'avaient si bien nivelé qu'il y a à peine vingt mètres de différence d'altitude entre l'amont et l'aval, et que la voie romaine, dite ici le chemin d'avant le déluge, est taillé seulement à six mètres au-dessus du fond de la cuvette.

Les auto-cars tournant au Nord roulent donc presque horizontalement au niveau de la Romanche, la franchissent en face de la cascade de Sarène et viennent s'arrêter au Bourg d'Oisans (720 m. d'altitude, 67 kilomètres de Briançon.)

N'ayant par elle-même aucune curiosité à montrer à ses visiteurs la capitale de l'Oisans s'impose à l'attention des alpinistes comme centre de la région la plus pittoresque du Dauphiné. Les excursions ou ascensions auxquelles, elle sert de point de départ sont innombrables, et elle est la clef de cette vallée de la Bérarde que l'on a justement appelé la Mecque des Alpes françaises.

Route de la Bérarde.

A l'extrémité Nord de la plaine, le confluent de l'Eau d'Olle impose une déviation à la Romanche qui prenant la direction de l'Ouest, s'enfonce dans un étroit défilé. Ces gorges comprimées contre les pentes des massifs de Belledonne et de Chamrousse au Nord et la base du Taillefer et du Cornillon au Sud offrent un aspect étrange: leurs parois généralement tapissées de forêts s'élèvent d'un seul jet du lit du torrent jusqu'aux crêtes rocheuses et font une impression d'autant plus vive que la perspective les allonge. Dans ce défilé, naguère très sauvage, l'industrie a trouvé un terrain propice aux installations hydrauliques, et depuis le seuil de la Vena jusqu'à son embouchure dans le Drac, la malheureuse Romanche est soumise aux travaux forcés par d'incessants captages.

Les bords de la Rives, près de Bourg-d'Oisans.

117

Un tramway à vapeur venant du Bourg-d'Oisans suit la route et dessert les nombreuses fabriques qui emploient cette force. On passe ainsi à Livet, à Rioupérou, aux Clavaux, à Gavet, et on voit à Séchilienne se desserrer un moment les mâchoires de l'étau. Un vallon descendant au Nord du Lac Luitel et de Chamrousse, un autre en face découlant de la Morte et de Taillefer (2861 m.), apportent ici une note plus gaie et plus lumineuse. On s'est abaissé à 356 m. et on sent que l'on va sortir de l'étreinte des montagnes.

Il y a cependant encore un petit corridor ingrat et sauvage à franchir, puis au Péage, on tourne au Nord et l'on débouche dans la plaine de Vizille laissant à gauche la côte de Laffrey.

Un court trajet compris entre les murs du parc, à droite et la digue du torrent, à gauche précède la petite ville industrielle qui s'impose à l'attention de tous par le magnifique château qu'y fit construire Lesdiguières.

Château d'Uriage.

Au débouché de ces longues gorges où leur voie militaire traversait des populations turbulentes dans un pays inquiétant, les Romains avaient installé sur un éperon commandant la plaine un camp de surveillance Castra Vigiliœ, d'où le nom de Vizille (281 m.). Une forteresse moyena-

119

geuse avait succédé au camp romain: remplacée elle-même par un château féodal dont on voit encore d'abondants vestiges connus sous le nom de château du Roi, sa situation ne parut pas suffisante au luxe de l'opulent connétable, vice-roi du Dauphiné ; celui-ci se fit bâtir de 1610 à 1616 la splendide demeure que l'on admire encore aujourd'hui. Si l'on ne peut faire la visite de ses salles et du vaste parc qui en dépend, on peut toujours contempler sur l'une de ses portes la statue équestre du connétable modelée en ronde bosse par Jacob Richier, et sur la place au-devant du château, le monument de la Révolution dû au ciseau du sculpteur grenoblois Henry Ding.

Deux voies plus directes rattachent Vizille à Grenoble, l'une par le Pont de Claix, et les superbes allées du Cours de St-André, l'autre par Brié et Eybens, la route de Napoléon au retour de l'Ile d'Elbe. Malgré les souvenirs qu'elles rappellent et la vue admirable qu'elles procurent sur le massif de la Chartreuse elles sont délaissées par le trajet de la Route des Alpes qui ne pouvait négliger Uriage-les-Bains.

L'auto-car traverse un tunnel pratiqué sous l'éperon du Château du Roi, et il entre dans la vallée de Vaulnaveys, allongée entre les croupes boisées de Chamrousse et les préalpes culturales des Quatre-Seigneurs.

Peu après le village de Vaulnaveys, on commence à distinguer la fière prestance du château d'Uriage. A ses pieds la coquette station d'Uriage-les-Bains (414 m.) déploie toutes ses séductions. Pour les villégiateurs, elle a son Casino, pour les malades, ses eaux efficaces et pour les touristes, ses ravissantes promenades. Les alpinistes mêmes peuvent y trouver leur agrément par la traversée des Trois Pics de Belledonne.

En quittant Uriage, on entre dans les petites gorges du Sonnant dont le cours sinueux et boisé prend fin au village de Gières dans la belle vallée du Graisivaudan. Dès lors on aperçoit les forts de la Bastille et les toits de Grenoble. Le clocher de Saint-André, son palladium, se précise sur l'horizon, et franchissant le faubourg industriel de la Croix-Rouge, on entre dans la vieille ville des Dauphins (214 m. d'altitude, 125 kilomètres de Briançon)

Château de Vizille.

Grenoble et la chaîne de Belledonne.

VIII

GRENOBLE ET SES ALENTOURS

Un des Tritons de la Fontaine des Trois-Ordres

De Grenoble à Chambéry par les Trois Cols. -
La Grande Chartreuse. - Aix-les-Bains. - Le
lac du Bourget et Hautecombe. -
Annecy et son lac.

Un des plus grands charmes de Grenoble est ce cadre magnifique qui se déploie autour d'elle, assez loin pour ne lui dérober ni l'air ni la lumière, assez près pour qu'on en puisse distinguer tous les gracieux détails.

Trois massifs montagneux séparés par de larges ouvertures, concourent à cet enchantement. Au Nord, le massif de la Chartreuse dont le renflement le plus méridional est le Rachais, la Bastille et Rabot; à l'Ouest, les montagnes du Vercors représentées par le Moucherotte et la croupe de Saint-Nizier; à l'Est, toute la chaîne de Belledonne s'espaçant depuis les forêts de Chamrousse jusqu' aux dentelures de la Roche de Saint-Hugon. Certains jours, de belvéders appropriés, on peut apercevoir la blancheur du Mont-Blanc qui se profile au Nord-Est dans l'axe de la vallée et la muraille de l'Obiou assise sur les verdures de Conex qui ferme la trouée du Sud.

Grenoble. — Hôtel de Ville et parterre à la française.

Grenoble. — Fontaine du Lion.

L'Isère serpentine, venant faire une boucle étroite au pied des escarpements de Rabot et du Jardin des Dauphins, y dessine deux vallées, le Drac torrentueux grossi de la Romanche et de la Gresse, a creusé la troisième et leur confluent appelait nécessairement une agglomération importante, à la richesse de laquelle pour voyaient leurs apports.

L'église St-André et monument de Bayart.

Grenoble. — Les quais de l'Isère, le Rachais et l'église Ste-Marie d'En-Haut.

Les conquérants romains la trouvèrent sous le nom de Cularo, à la frontière de l'Allobrogie, in-finibus Allobrogum. Conscients de son importance, ils l'entourèrent de murailles, lui imposèrent deux portes, la Viennoise et la Romaine, et lui firent commander leur grande voie militaire de Turin à Vienne. Plus tard, au cours du ive siècle, en lui accordant le droit de cité ils la nommèrent Gratianopolis, d'où la corruption des siècles fit Gratianople, Granople et Grenoble.

Ravagée par les guerres et les inondations, dont celle de 1219 avait emporté une moitié de la population, la ville ne s'était guère développée et ne comptait au commencement du XIXe siècle qu'une dizaine de mille d'habitants. Sa prospérité commença sous le premier Empire, et ne fit depuis lors que grandir avec rapidité. Elle dut élargir en 1832 la ceinture de ses remparts et la tripler encore en 1880.

Ancienne capitale de l'État de Dauphiné, plus tard chef-lieu de la province et siège du parlement, Grenoble a conservé une certaine suprématie administrative et judiciaire qui contribue à lui donner l'allure d'une grande ville. La douceur de son climat, l'urbanité de ses habitants et le charme incomparable de sa situation ainsi que le nombre des voies ferrées qui s'y croisent en ont fait le centre touristique le plus important du Sud-Est, et lui ont valu le titre glorieux de Capitale des Alpes françaises.

Grenoble. — La cathédrale Notre-Dame et le monument des Trois-Ordres.

Château d'eau Lavalette.

Outre le merveilleux panorama qui se déroule autour de ses quais, Grenoble offre à ses visiteurs de nombreux sujets d'admiration et d'études. Parmi les monuments anciens, on y remarque la crypte de Saint-Laurent et le ciborium de la cathédrale sans parler de la tour de l'Hôtel-de-Ville, dernier vestige de son enceinte romaine. Du Moyen Age elle avait conservé comme Palais de Justice l'ancien Palais de la Chambre des Comptes, véritable bijou de l'art gothique, récemment restauré et agrandi. Son Jardin de Ville, très intéressant spécimen des conceptions de Le Nôtre a été lui aussi hélas! remanié et modifié. Parmi les monuments modernes qui sont: l'Hôtel de la Préfecture, le Musée Bibliothèque, l'Hôtel de la Chambre de Commerce, on distingue le Monument du Centenaire ou Fontaine-des-Trois-Ordres, œuvre splendide du sculpteur grenoblois Henry Ding.

Grenoble. — Façade du Palais de Justice.

Dans l'église Saint-André, que signale son haut clocher roman, on va voir le tombeau de Bayard, le chevalier sans peur et sans reproche, dont une statue par Raggi orne la place voisine.

L'abondance de l'eau se manifeste dans la ville par diverses fontaines monumentales, le château d'eau Lavalette dans un coin de la place Grenette, la fontaine du Torrent par Basset, au Jardin de Ville, la fontaine du Lion par Sappey à l'entrée de la rue Saint-Laurent, le jet d'eau de la place de Verdun, etc.

Au départ de Grenoble divers trajets contournant les montagnes de la Chartreuse peuvent tenter le voyageur. En remontant sur l'une ou l'autre rive de la plantureuse vallée du Graisivaudan, on arrive à Chambéry par Chapareillan ou par Montmélian. Par Voreppe et le col de la Placette, ou par Voiron et les gorges de Crossey, on atteint Saint-Laurent-du-Pont, les Échelles et la vallée de Couz. La Route des Alpes a adopté le trajet intermédiaire qui traversant tout le massif de la Chartreuse, initie plus directement à ses beautés pittoresques; franchissant les cols de Porte du Cucheron et du Frène, elle prendra le nom de Route des Trois Cols.

Les voitures passent sur la rive droite de l'Isère et quittent la ville par le quai Xavier Jouvin où s'amorce la splendide vision de la chaîne de Belledonne, vision qui va aller en s'affirmant jusqu'au Col de Vence. Le faubourg de la Tronche exige une courte halte pour contempler dans sa pauvre église le superbe tableau la Vierge de la Délivrance, chef-d'œuvre du peintre dauphinois Hébert, puis on aborde une rampe de 12% en moyenne qui va se continuer sans arrêt pendant une quinzaine de kilomètres jusqu'au seuil du Col de Porte. Le parcours se déroule au milieu des vignobles de la Tronche et de Corenc. Peu à peu la vallée s'étale, s'agrandit, s'enfonce avec ses riches cultures, ses nombreux villages et les méandres capricieux de l'Isère tandis que les montagnes en face révèlent leurs divers plans, leurs forêts, leurs rocs et leurs glaces.

Grenoble. — Le Cours St-André, le Pont de la Bastille et le Fort Rabot.

Voici que tout près se profilent sur le ciel de grands murs percés de fenêtres, et le petit clocheton d'une chapelle: c'est l'ancien couvent de Montfleuri qui évoque le souvenir d'une de ses novices Claudine de Tencin l'aventureuse sœur du cardinal. Des jeunes gens y remplacent maintenant les religieuses d'autrefois. Plus loin un burg patiné s'avance sur un piton dominant la plaine et porte un nom gracieux: c'est le château de Bouquéron. Une autre construction féodale apparaît dans un repli de coteaux et montre une vieille tour carrée à machicoulis: le château d'Arvilliers, plus vulgairement dit la Tour de Chiens, parce que les Dauphins y tenaient leurs meutes.

Un grand lacet aux flancs du St-Eynard fournit les horizons les plus étendus sur la vallée, sur le resplendissant Mont-Blanc, et, après le contour, sur les montagnes du Vercors, la Moucherolle, le Grand Veymont, le Mont Aiguille et sur la ville qui s'étale horizontale et plate comme un plan. Au lieu dit la Chapelle (750 m.) on passe par le Col de Vence du bassin de l'Isère dans celui de la Vence, on remonte allégrement la rive gauche de ce torrent et après un court défilé, on admire le joli plateau du Sappey entouré de forêts et dominé par la masse de Chamechaude.

L'horizon est ici limité à ce vallon montagneux et verdoyant. On franchit le torrent et on touche au village du Sappey (1000 m.) qui doit à la fraîcheur de son altitude et à sa proximité (10 kilomètres) de la ville d'être devenu un lieu d'estivage pour les Grenoblois.

Chalet du Col de Porte.

La route s'entaille sur le flanc oriental de Chamechaude, passe par le Col de Palaquit dans le bassin secondaire de Sarcenas et traversant une

133

partie de l'épaisse forêt de Porte parvient au seuil de ce nom (1350 m. d'altitude) qui donne accès au bassin du Guiers Mort.

Un chemin à gauche sur l'arête conduit en 560 mètres au véritable Col de Porte (1325 m.) sur lequel a été construit par la Société des Touristes du Dauphiné un chalet-hôtel destiné surtout à favoriser les sports d'hiver dans les grandes prairies qui s'étendent au Nord du col. Du chalet-hôtel et de ses abords on jouit d'une vue complète sur le bassin du Guiers Mort, incliné de toutes parts vers Saint-Pierre-de-Chartreuse et encadré par les rochers de Charmanson, l'harmonieuse architecture du Grand Som, les Lances de Malissart et le revers de l'Aupdu-Scieu. On en gravit aisément le signal de Charmanson (1865 m.), la Pinée (1779 m.) ou la cime de Chamechaude (2083 m.).

Le Monastère de la Chartreuse.

Du col ou du chalet on descend dans ce gracieux vallon, on sort de la forêt et par les cultures des Cottaves on arrive à la fraction de Saint-Pierre-de-Chartreuse qui avoisine le pont du Guiers Mort (794 m.) et qu'on appelle la Diat.

C'est un groupe de beaux hôtels qui sont venus se bâtir au carrefour du chemin de St-Laurent-du-Pont et du couvent de la Grande-Chartreuse, mais le bourg même de St-Pierre-de-Chartreuse est édifié sur un plateau surélevé d'une centaine de mètres (880 m.) aux flancs méridionaux du Grand Som.

Une halte aux hôtels de la Diat permet après déjeuner la visite du monastère et de ses alentours.

Le Monastère de la Chartreuse.

On sait qu'en 1082 Bruno de Cologne désirant se vouer à la pénitence vint avec six compagnons fonder dans le désert le plus reculé un ordre religieux qui, par humilité adopta le nom du village voisin. L'ordre des Chartreux prit un développement considérable et rayonna dans toute l'Europe; il eut plus d'une centaine de couvents, mais le chef de l'Ordre était toujours au lieu de la fondation et chaque année les prieurs de toutes les Chartreuses se réunissaient en la salle du Chapitre, pour délibérer sur les questions d'intérêt général. La tourmente de la Révolution française chassa les religieux et confisqua leurs biens. Ils purent sous la Restauration rentrer dans leur couvent, mais ils n'en étaient désormais que locataires. Enrichis par la vogue d'une liqueur que l'un d'eux avait composée pour conjurer les austérités de leur séjour, ils étaient la providence de ces montagnes et venaient en aide à toutes les infortunes. Leurs subsides avaient permis la construction de la remarquable église de Voiron, de celle édifiée à Grenoble sous le vocable de leur fondateur et ils avaient élevé celles de St-Laurent-du-Pont, celle de St-Pierre d'Entremont et un grand nombre d'autres. Ils entretenaient une école de sourds-muets à Currière et un hôpital important à Saint-Laurent-du-Pont. Attirés par leur renommée de sainteté autant que par la beauté des sites, les touristes du monde entier affluaient à la Chartreuse.

En Chartreuse. — Le Grand Frou.

St-Pierre-de-Chartreuse.

Le 29 avril 1903 les Pères furent expulsés par application de la loi sur les congrégations, mais ils avaient acquis une telle réputation que l'on continue à venir voir ces murs derrière lesquels subsistent les vestiges de leurs travaux.

De la Diat, on suit un moment la rive droite du Guiers Mort, puis on prend la rive gauche pour passer auprès d'un gentil jardin alpin récemment organisé en-dessous du bâtiment du Grand Logis où étaient jadis hospitalisés en dehors du Désert les gens à la suite des visiteurs de marque. Au milieu du pittoresque défilé connu sous le nom de l'Étroit du Grand Logis on revient à la rive droite. Un pont moderne a remplacé l'ancien Pont des Pères et leur Porte de la Paroisse, puis l'on s'élève jusqu'aux bâtiments de la Courrerie et bientôt on arrive au couvent principal lui-même.

Un gardien officiel fait faire la visite d'une partie des bâtiments. Cette visite est maintenant facile pour les dames qu'excluait la règle cartusienne et l'on parcourt tour a tour les grands cloîtres solitaires, la salle du chapitre dénudée, les cellules ouvertes et les chapelles désaffectées. De la cour intérieure et par chaque échappée on retrouve au dehors, l'immuable beauté de la nature.

De retour à la Diat, l'auto-car gravit le plateau occupé par Saint-Pierre-de-Chartreuse, puis laissant à l'Est la gorge du Guiers Mort et le chemin qui conduirait à ses sources, il remonte au Nord la combe du Couzon. Un trajet fort plaisant au flanc oriental du Grand Som, nous fait traverser un certain nombre de petits hameaux prospères. Au Col du Cucheron (1139 m.), on passe du bassin du Guiers Mort dans celui du Guiers Vif et l'on a sous les yeux une vaste conque verdoyante, culturale et forestière dessinée par les blancs escarpements de la Roche Véran, du Mont Otheran, du Granier et de l'Alpette. En face, le Col du Frène se découpe sur le ciel entre le Mon t de Joigny et la cassure du Granier.

Cascades du Guiers Vif.

Après avoir charmé les regards par son ensemble, le berceau du Guiers Vif les captive par son détail: Saint-Philibert se présente d'abord, puis le Grand et le Petit Chenevey; la Roche Véran devient menaçante et l'on atteint le torrent à St-Pierre-d'Entremont (642 m.). Il serait certainement agréable de s'arrêter dans ce joli bourg divisé par le cours d'eau en deux villages, chacun dans un département différent, et naguère dans deux États. A droite, on remonterait le Guiers jusqu'à ses sources si éminemment pittoresques, jaillissant en quatre cascades superposées d'une vaste caverne creusée dans la roche de l'Aup-du-Scieu, à gauche, on descendrait aux Echelles par des défilés impressionnants, restes de l'ancien Frou.

Chambéry. — Le Château.

On entre en Savoie en passant le Pont sur la rive d'eaux claires et habilleuses qu'on appelle aussi le Couzon, on traverse de petites gorges dominées par la vieille tour d'Épernay, et on monte à Entremont-le-Vieux.

Les pentes se redressent et forcent la route à décrire quelques lacets afin de parvenir sur l'arête du Col du Frène (1164 m.), mais là un spectacle étourdissant impose une halte pour l'admiration. Au Nord, de la nappe miroitante du Lac du Bourget, à la sombre et formidable roche du Granier s'étend un demi-cercle de montagnes qui comprend tous les sommets des Bauges, le Mont-Blanc, les cimes neigeuses de la Vanoise et une partie du massif d'Allevard, tandis qu'on domine les abîmes de Myans. Au Sud les montagnes de la Chartreuse avec leurs vallées verdoyantes, et leurs croupes de forêts montrent les crêtes de la Dent de Crolles, le cône de Chamechaude, et les dentelures du Grand Som s'harmonisant en un merveilleux panorama.

Les Charmettes.

Un petit chalet-hôtel s'est installé à bonne place pour faciliter la contemplation et on y casserait volontiers de longues heures si le ronfle-

143

ment du moteur ne vous avertissait qu'il y a bien d'autres merveilles le long de la route, et qu'il ne faut abuser de rien.

Chambéry. — Fontaine des éléphants.

La descente s'allonge aux flancs boisés du Mont de Joigny, se contournant pour suivre les nombreux vallons qu'y ont creusés les eaux, et développant à chaque saillant de nouvelles vues sur la plantureuse vallée savoyarde: l'incident principal est la traversée du tunnel de la Fosse au sortir duquel l'horizon se précise vers le Lac du Bourget et la campagne d'Aix. La bonne route se trace par Montagnole, mais un raccourci accessible à la rigueur aux petites voitures permet un arrêt à la maison des

Charmettes, l'ancien asile des amours de Madame de Warens et de Jean-Jacques Rousseau. On entre à Chambéry, par la rue de la République (269 m.). La ville de Chambéry est de constitution relativement récente. Son emplacement était sans doute autrefois désolé par les divagations de la Leysse. La station romaine Lemincum occupait la hauteur sur la rive droite du torrent au lieu dit encore faubourg de Lémenc. Au XIIIe siècle, un château fort bâti sur un renflement situé sur l'autre rive fut acquis par les comtes de Maurienne qui vinrent y établir leur résidence et prirent le titre de comtes de Savoie. L'agglomération. qui s'était formée autour du Château grandit avec la fortune de ses maîtres et devint la capitale du Comté, puis du duché de Savoie, Chambéry atteignit son apogée au XVIe siècle car, au commencement du XVIIe , ses souverains toujours plus puissants transportèrent leur capitale à Turin et délaissèrent le noble berceau de leur destinée. Elle a gardé de son ancien rôle un aspect raide et guindé. Le château imposant et sévère a conservé l'air d'une forteresse bien qu'on lui ait accolé pour la préfecture une façade second empire entourée de jardins. Il avait déjà été greffé d'un véritable bijou, la Sainte-Chapelle et son abside ogivale. De la plate-forme de son donjon massif on jouit d'une vue fort belle sur les alentours. La cathédrale possède une façade gothique très remarquable, mais inachevée, et au hasard des promenades dans de vieilles nies tortueuses on rencontre quelques anciennes maisons avec des cours et des escaliers de grand caractère.

Chambéry. — Grille de l'Hôtel de Château neuf.

Lac du Bourget et Dent du Chat.

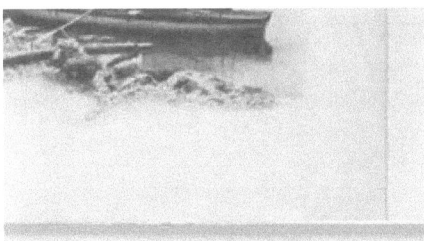

Dans un accès de rajeunissement elle a jeté bas beaucoup de vieilles choses, et bâti quelques monuments neufs: La Fontaine des Éléphants élevée à la mémoire du général de Boigne, bienfaiteur de la ville, le monument du Centenaire par Falguière, les frères de Maistre campés sur l'escalier du château, le président Favre montant la garde à la porte du Palais de Justice.

Le plus intéressant est le Musée qui abrite une collection d'antiquités lacustres de tout premier ordre.

Cathédrale de Chambéry.

Des fouilles savantes opérées sous la direction de MM. Costa de Beauregard, Chantre, Rabut, etc. ont amené la découverte de stations lacustres importantes en plusieurs anses du Lac du Bourget. Les pêches et les trouvailles qui y furent faites se sont inégalement réparties entre les Musées d'Aix-les-Bains et de Chambéry. C'est ce dernier qui possède les pièces les plus importantes. La grande majorité de ces objets remonte à la fin de l'âge du bronze: les stations de St-Saturnin, de Grésine, de Châtillon, du Saut, de Conjux, ont fourni des outils et des instruments fort curieux dont la gradation permet d'observer les perfectionnements successivement introduits par ces anciens habitants dans leur concept et dans leur fabrication. Le lac dont la beauté attire aujourd'hui tant de visiteurs se recommandait alors par la sécurité dont ses eaux entouraient les refuges des premiers humains.

Aix. — L'Arc de Campanus.

Chambéry comme beaucoup d'autres villes se transforme et s'industrialise. De nouvelles constructions se sont élevées au jardin du Verney, au parc Savoiroux, auprès d'espaces gagnés par la couverture de la Leysse: de belles maisons modernes tranchent avec les vieux hôtels, le pittoresque s'efface devant la banalité. Il faut se hâter de visiter les villes de province alors qu'elles gardent encore quelque caractère. Pour elles comme pour les costumes l'uniformisation s'étend; dans les vallées les plus reculées, la jeunesse s'habille tout comme les ouvriers citadins, de tristes vêtements de confection.

Abbaye de Hautecombe.

Nous quittons Chambéry par l'avenue du Comte-Vert, et passant devant la gare, nous courons au Nord par un trajet en ligne droite au long de la plaine.

Pris entre la chaîne du Mont Grelle et de l'Épine à gauche, et celle du Nivolet et du Mont Revard à droite, on a la sensation de fuir dans un large corridor. Subitement la nappe d'eau se dévoile, on atteint la tête du Lac du Bourget. D'un côté on trouverait le village du Bourget, les ruines de son château, son église aux bas-reliefs émouvants, et tout près le château de Bourdeaux, avec la route du Col du Mont du Chat. De l'autre on monterait à Viviers et à la route supérieure d'Aix. On est emporté auprès du lac, entre sa berge, couverte de roseaux et la colline de Tresserve, puis à Petit-Port un virage à droite conduit à Aix-les-Bains (14 kilomètres de Chambéry, 258 mètres d'altitude).

De même que pour les eaux d'Uriage, ce sont les dépôts confiés à la terre, les canalisations, les vestiges d'installation et les monuments qui nous ont appris l'origine romaine d'Aix, car aucun texte authentique en faisant mention n'est parvenu jusqu'à nous. Aussi la station se pare-t-elle avec orgueil de son Arc romain, de son temple de Diane, de ses inscriptions, témoins irrécusables de son ancienneté.

Annecy.

Remises en honneur au temps d'Henri IV qui vint s'y baigner, objet de la sollicitude des rois de Sardaigne, ses eaux sulfureuses ont acquis au xixe siècle une réputation universelle, et la vogue s'y est attachée pour faire d'Aix-les-Bains le rendez-vous des élégances du monde entier. Comme sa clientèle actuelle ne se compose qu'en partie seulement de malades, deux institutions de plaisirs rivalisent d'attractions. Le Grand Cercle et la Villa des Fleurs offrent des séductions continues, mais ce sont surtout les soirées qui y sont féeriques. Musique, illuminations dans le parc, théâtre, bals et jeux dans les halls resplendissants de lumière, attirent les oisifs de toutes nations, et les visites royales sont nombreuses au Livre d'Or de la station. Courses de chevaux, régates sur le lac, batailles de fleurs, fêtes de toutes sortes s'y succèdent durant la saison, et l'on y sait joindre à merveille l'agrément des excursions aux plaisirs factices d'une civilisation raffinée.

Un chemin de fer à crémaillère hisse au plateau et au belvédère du Mont-Revard les amateurs de panoramas.

Un service de bateaux sillonne le Lac du Bourget et permet la visite du château de Bourdeau, de celui de Châtillon et surtout de la célèbre abbaye d'Hautecombe, qui fut la sépulture des rois de Sardaigne. Des canots de plaisance facilitent la pêche, car le lac est très poissonneux.

Lac d'Annecy, vu de Duingt.

Les environs d'Aix abondent en promenades charmantes, telles que les bains de Marlioz, la cascade de Grésy sur Aix, le belvédère de la Chambotte, le Col du Mont du Chat, ou en excursions de plus grande envergure, comme la visite des Bauges, celle du Fort de l'Écluse, ou de la Grande-Chartreuse.

Mais on n'a pas le temps de tout voir, et plutôt que de faire un choix incomplet dans toutes ces séductions, on se hâte sur la route qui remonte le vallon du Sierroz. La campagne y est merveilleusement fertile, et c'est un enchantement que d'y voir les pampres s'accrocher d'arbre en arbre, et alterner avec les prairies, pleines de bêtes à cornes.

A Grésy, on laisse la route du Pont de l'Abîme, de Lescheraine et du Châtelard, et à Albens, on traverse la vallée pour serrer de très près le pied du Semnoz.

Si l'on en avait le loisir, on ferait un détour sur la gauche et dans une région plus mouvementée on passerait à Rumilly, vestibule de ce grandiose Val du Fier, et on donnerait un coup d'œil à Lovagny avec son château de Montrottier et ses curieuses gorges du Fier. La Haute-Savoie est assez captivante même dans ces débuts, pour occuper agréablement un intermède plus ou moins long. Mais le touriste hâtif poursuit sa course et atteint bien vite la jolie ville d'Annecy. (416 m d'alt. — 108 Kil. de Grenoble.)

Le lac d'Annecy, vu de Talloires.

Chef-lieu du département de la Haute-Savoie, Annecy occupe une situation charmante auprès de son lac. Assise sur les canaux du Vassé et du Thiou, elle possède deux charmantes promenades sur ses rives et elle doit à ses eaux la prospérité industrielle comme l'agrément touristique. Annecy s'est formée au début du Moyen-Age par l'afflux des populations apeurées venant chercher un refuge à l'abri du robuste château qui s'était élevé sur un éperon du Semnoz. Elle remplaçait la ville romaine de Boutœ si complètement détruite par les barbares qu'on a peine à en retrouver de minimes vestiges dans la plaine des Fins.

De destinées d'abord obscures, elle fut mise en lumière par la haute réputation de son évêque Saint François de Sales, mais ce fut surtout depuis sa réannexion à la France en 1860, que commença pour elle une ère de prospérité et de développement. Sa population a plus que doublé ; aux étroits et sordides quartiers qui se pressaient autour du château ont succédé des artères larges, bien aérées, ornées de maisons modernes et de villas élégantes. La place manquant, la ville s'est malheureusement crue contrainte de détruire les bâtiments du monastère de la Visitation tout plein des souvenirs de Sainte Jeanne de Chantal. Le couvent s'est reconstruit en dehors de la ville, sur une éminence dominant celle du château et jouissant d'un panorama incomparable. La piété des fidèles y a renoué la chaîne des traditions, mais il n'en est pas moins regrettable que les témoins matériels des œuvres du saint évêque et de Mme de Chantal aient été sacrifiés a des combinaisons d'entreprises dont la réalisation parait décevante.

Le Musée d'Annecy au second étage de l'Hôtel de Ville, renferme des toiles de mérite et surtout une admirable collection d'antiquités lacustres attestant l'origine reculée de l'habitation en ces lieux.

Le principal attrait d'Annecy est le voisinage de son lac réputé pour être le plus gracieux bijou des Alpes Françaises. De dimensions heureusement restreintes, scindée en deux parties par le promontoire de Duingt, encadrée de hauteurs verdoyantes et boisées qui s'élèvent jusqu'au Fauteuil de la Tournette, cette nappe d'eau pure respire un charme inestimable. Les bateaux qui la sillonnent abordent à des localités délicieuses, Veyrier, Menthon, Talloires, et permettent des excursions ravissantes, telles que le Roc de Chère, ou la montagne de Charbon, imposantes comme l'ascension de la Tournette, méritoires comme les Dents de Lanfont.

Dans une région de préalpes fertiles et gracieuses, Annecy est le point de départ de très nombreuses promenades, dont l'emploi de l'automobile étend d'ailleurs considérablement le rayon.

Pendant la belle saison ses nombreux hôtels deviennent insuffisants pour l'afflux des estivants, à telle enseigne que beaucoup d'étrangers se fixent dans des villas, au bord du lac enchanteur.

Château de Montrottier.

Chalets de la route des Aravis.

IX

D'ANNECY A SAINT-GERVAIS

Thones et le Col des Aravis. - Mégève et Combloux.
Le Fayet-Saint-Gervais.

On quitte Annecy en longeant le pied du lac par les belles allées d'Albigny récemment dénommées allées Eugène Sue. Ce court trajet offre des aperçus délicats sur la nappe bleuâtre, enchâssée comme un saphir dans un écrin de collines.

Au carrefour d'Albigny, et toujours auprès de la rive, on suit parmi de riches vignobles la base du Mont Veyrier. La route ondule vers Chavoires et vers Veyrier, puis laissant à droite le chemin de Menthon, elle s'élève graduellement jouissant sur la campagne de Menthon et sur le lac, d'un panorama toujours grandissant. En face des maisons éparpillées du village elle tourne à l'Est, passe au pied du château de Menthon où s'affirma la vocation de Saint Bernard, et atteint (634 m.) le seuil du Col de Bluffy par lequel elle rentre dans le bassin de Fier. Dans un gracieux paysage dominé par les puissants escarpements du Parmelan, on descend vers le torrent et on vient rejoindre la route d'Annecy-le-Vieux à Thônes. La même direction se maintient jusqu'à Morette, dans un vallon assez étroit où l'on remarque au passage la cascade de la Belle Inconnue, et celle de Morette. A partir de ce dernier village on incline au Sud-Est et bientôt on parvient à la petite ville de Thônes (21 kilomètres, 626 mètres d'altitude).

La Giettaz.

Comme la plupart des bourgs de montagne, Thônes s'est installée dans un élargissement causé par la rencontre de deux vallées. Le Fier y arrive du Sud, découlant de la Combe des Clefs et de celle de Manigod, le Nom descend du Nord-Est où, à St-Jean-de-Sixt, il est allé voisiner avec la Borne. L'auto-car s'empresse de remonter la Combe des Villards sur Thônes.

St-Jean-de-Sixt.

Tout est gracieux dans cette partie du trajet, maisons, cultures, aspects du vallon et des montagnes, et ce charme se concrète à la villégiature fré-

quentée de Saint-Jean-de-Sixt (963 m.). De là au Nord, par un col à nervure insensible, on passerait dans le bassin de la Borne, pour rejoindre le
Grand Bornand et ses prairies salutaires. Notre route tourne au Sud, traverse une petite forêt et se trouve en présence du site délicieux de la Clusaz (1040 m.). La Combe du Nant du Vard y rejoint celle du Nom, toutes
deux pastorales, parsemées de chalets et animées de nombreux troupeaux
de vaches. La pente générale est plus accentuée et la route, décrit de nombreux lacets pour s'élever sur la rive droite de cette Combe du Nom.
Celle-ci se rétrécissant laisse rayonner à l'Ouest la Combe du Nant des
Prises, elle s'incline à l'Est et bientôt on voit se dessiner la large échancrure herbeuse du Col des Aravis ouvert entre le Roc de l'Etale (2483 m.)
au Sud et la Porte des Aravis (2332 m.) au Nord. Un petit hôtel, une chapelle et on est sur le seuil (1498 m.) où se révèle l'éblouissante chaîne du
Mont-Blanc surgissant de l'Aiguille Verte à la Bérengère, au-dessus des
verdures moutonnantes de la Tête de Toiraz. Une longue contemplation
s'impose pour reconnaître et dénommer toutes ces cimes, pour identifier
notamment le Mont-Blanc qui se présente dominateur au-dessus du
Dôme du Goûter.

La Clusaz.

Quand les yeux sont rassasiés de cette vue féerique, une descente rapide plonge dans le vallon de l'Arondine, non moins pastoral que celui du Nom. L'horizon disparaît, et l'on passe devant l'hôtel Jeanne-d'Arc, très élégamment campé sur un mamelon saillant, puis on arrive au fond de la Combe au village de la Giettaz (1110 m.).

Les Charmettes.

Pont de Plumet.

A partir de la Giettaz, l'Arondine s'enfonce dans des gorges étroites et fort pittoresques pour aller se jeter dans l'Arly, un peu en aval de Flumet. La route s'est ouvert à une assez grande hauteur un parcours fort curieux où les tunnels alternent avec les encorbellements au milieu d'une assez belle forêt. Tracée presque directement au Sud, elle vient joindre à Flumet la route d'Albertville à Sallanches par la vallée de l'Arly.

Le bourg de Flumet (917 m.), qui tirait une certaine importance du siège de la douane, ne forme qu'une longue rue sur la rive droite de l'Arly. Vu de la rive gauche ou du Pont de Bellecombe, il a un aspect fort étrange avec ses maisons aux balcons saillants suspendus au-dessus de l'abîme du torrent.

Par un virage à angle droit on remonte la rive droite de l'Arly, puis l'on atteint la petite ville de Mégève (1120 mètres environ d'altitude).

A Mégève.

Vallée de Mégève.

Ancien bourg féodal avec de vieux restes de tours et de murailles, pourvu de bons hôtels, Mégève est un centre de villégiature estimé et aspire à devenir un centre de sports d'hiver. Les pentes qui l'entourent sont si douces qu'il faut un sérieux examen pour le situer encore dans le bassin de l'Arly tant il semble déjà par son allure et son panorama appartenir à la vallée de l'Arve. On y prend un agréable point de départ pour l'ascension de l'exquis belvédère du Mont Joly (2527 m.). De faciles cols de pâturages le font communiquer avec les Contamines ou avec Saint-Nicolas-de-Véroce.

Une rue de St-Gervais.

Poursuivie dans la direction du Nord, la route.arrive bientôt au Col de Mégève (1121 m.) et s'incline dès lors vers la plaine de l'Arve. En face, la chaîne de Platé et des Fiz se manifeste par l'imposante Aiguille de Varens, faisant jaillir ses escarpements d'un piédestal de cultures, de forêts et de prairies.

St-Gervais-les-Bains.

165

Un carrefour se présente, la route de droite conduit à Saint-Gervais, celle de gauche à Sallanches.

Depuis quelques années les auto-cars prennent d'abord celle de gauche et en un kilomètre de palier amènent les voyageurs au bel hôtel de Combloux, où la vision de la chaîne du Mont-Blanc se présente dans toute son ampleur avec la perspective de la vallée de Chamouni. La halte du déjeuner ne peut être nulle part plus attrayante.

On revient au carrefour et alors commence sur les bases du Mont d'Arbois un trajet dont le souvenir reste gravé dans les mémoires. La descente épouse toutes les sinuosités de la montagne, et un panorama mouvant se déroule joignant les paysages de la vallée du Bon Nant à ceux de la vallée de l'Arve. Au travers d'une futaie de toutes essences, les échappées prennent un charme nouveau, puis Saint-Gervais s'étale dans sa longueur. On scrute les pentes du Col de la Forclaz, on franchit le torrent sur le Pont du Diable, et une courte remontée vous dépose sur la petite place de Saint-Gervais (807 m.) naguère Saint-Gervais-le-Village, aujourd'hui Saint-Gervais-les-Bains.

Combloux.

Les destinées de ce bourg furent variées. Quand l'accès de Chamouni n'avait lieu que par le Col de la Forclaz, il en était le relai obligé, mais à partir du moment où l'on put passer par les gorges de l'Arve, avec le pont Pélissier et les Montées, il lui devint étranger et se cantonna dans son rôle de marché et capitale de la vallée de Montjoie. La découverte des eaux minérales et leur exploitation par le notaire Gontard ne lui apportèrent d'abord qu'un assez faible appoint, mais la catastrophe de 1892 qui emporta une partie de l'établissement coïncidant avec le développement du tourisme lui fut extrêmement favorable. Si jusqu'alors il n'avait été qu'un modeste village, groupé autour de l'église, il vit les hôtels et les maisons de plaisance s'aligner vers le Nord et former l'élégant boulevard qui est aujourd'hui le centre de son animation. La construction du tramway du Mont-Blanc en ouvrant une station sur ce boulevard a préparé sa jonction continue avec son faubourg du Fayet.

Bains de St-Gervais.

La situation de St-Gervais à l'entrée de la vallée des Contamines, sur le chemin du Col du Bonhomme, et du pèlerinage de Notre-Dame de la Gorge, lui permettait l'abord des glaciers, et il eut de bonne heure ses chasseurs de chamois et sa compagnie de guides. Depuis 1856, un accès lui a été ouvert au sommet du Mont-Blanc, et après la construction et surtout la réfection du refuge de l'Aiguille du Goûter (3817 m.) ce chemin est devenu presque aussi fréquenté que celui des Grands Mulets, et Saint-Gervais voit enfin satisfaire sa vieille rivalité alpiniste avec Chamouni.

Ce village du Fayet dont le nom officiel est maintenant Le Fayet-Saint-Gervais-les-Bains, s'est créé dans les premières années du XIXe siècle au débouché des gorges du Bont Nant, vers l'établissement des Bains. Cet établissement dévasté par l'inondation de 1892, alors qu'une poche d'eau crevée dans le glacier de Tête rousse avait fait déborder le bon Nant, s'est reconstitué et développé avec luxe. Divers hôtels, des magasins et des villas sont venus s'y adjoindre, le chemin de fer P. L. M. en avait fait quelques années sa tête de ligne, le tramway du Mont-Blanc y a établi son point de départ.

Les auto-cars viennent faire halte dans la cour de sa gare (581 m.) avant de repartir pour Évian ou de se lancer à la conquête de Chamouni,

Chapelle au col des Aravis.

Le Lautaret et le Galibier.

CHAPITRE X

VARIANTE

Le Col du Galibier et St-Michel de Maurienne —
Albertville et les Gorges de l'Arly — Flumet,
Mégève, St.-Gervais.

La région des Alpes est si abondante en beautés qu'il était bien difficile de créer un itinéraire unique à la «Route des Alpes» sans laisser à l'écart des sites justement intéressants.

C'est pour cette raison, que deux parcours ont été établis de Briançon à St-Gervais: l'un par Grenoble, que nous venons de suivre l'autre par le Col du Galibier (2645 m.), la Maurienne et les Gorges de l'Arly.

Cette variante, digne en tous points d'intérêt, laisse avant le Lautaret la route de l'Oisans, et en serpentant à travers des prairies émaillées d'une prodigieuse quantité de fleurs, s'élève jusqu'à la Combe Noire; par le ravin de la Mandette et de grands lacets vers le Nord, elle atteint l'orifice d'un tunnel d'où l'on jouit d'un panorama grandiose sur le massif glaciaire du Pelvoux.

Panorama de St-Michel-de-Maurienne.

171

Revenus à la lumière, nous avons sous les yeux, au premier plan une pente pierreuse qui s'incline vers la haute vallée de Valloires: au fond de l'horizon brillent les cimes neigeuses de la Vanoise et toujours, dans un coin du tableau, le resplendissant Mont-Blanc.

Labourage à Valloires.

La route s'abaisse, passe aux misérables granges du Galibier et s'enfonce pour atteindre le Pont de l'Achate, sur le torrent naissant de Valloires. Le paysage est sévère, mais peu à peu cependant, une végétation herborescente se dessine; au Verneys, elle est déjà plus gracieuse; elle s'épanouit dans le bassin de Valloire, devenu centre de villégiature.

Haute-Maurienne. — Village de l'Ecot.

174

Bénitier de St-Jean-de-Maurienne.

Cessant de suivre la Valloirette qui, par une forte cascade, va se jeter dans l'Arc, la route doit s'élever à nouveau vers le col des Trois Chapelles, pour entrer dans la vallée latérale de Valmeinier, qu'elle atteint bientôt par un court tunnel creusé sous le fort du Télégraphe. Par le village de St-Martin-d'Arc, elle arrive au gros bourg de St-Michel-de-Maurienne (712 m., 41 kil.. du Lautaret). Ce bourg, allongé sur la rive droite de l'Arc, au pied des pentes qui conduisent au col des Encombres, est tiré de son apathie montagnarde par le développement du tourisme et l'utilisation des forces motrices de l'Arc. L'hospitalité est agréable dans ses hôtels ranimés.

Lorsque sera ouvert aux auto-cars le passage idéal par le col de l'Iseran (2770 m.) et celui du Bonhomme (2483 m.) on pourra après avoir remonté la Maurienne rejoindre par ces deux cols la vallée des Contamines et St-Gervais.

En attendant l'achèvement des travaux considérables que nécessite le tracé de ces routes de haute montagne, l'itinéraire descend au contraire la vallée, en suivant la route de Turin à Chambéry.

Les paysages sont austères, les rocs abrupts et le fond souvent ravagé par les inondations.

On franchit l'Arvan, pour s'approcher de St-Jean-de-Maurienne dont la cathédrale renferme d'admirables boiseries de chœur, un ciborium de toute beauté et le modelage du tombeau d'Humbert aux Blanches Mains. Derrière la cathédrale, un cloître assez finement ajouré et non loin d'elle, le portique de l'ancien collège Lambertin se recommandent aux visiteurs. Le fameux vignoble du Princens, celui d'Hermillon, et la vieille tour romano-moyennageuse de Bérold dominant le défilé de Pontamafrey complètent cequ'il ya d'intéressant à St-Jean-de-Maurienne.

Sculptures du banc du
chœur de
St-Jean-de-Maurienne.

Revenue sur la rive droite de l'Arc, la route, une fois sortie de l'étroit passage jadis redouté de Pontamafrey, voit s'ouvrir devant elle une plaine résultant de la rencontre de la vallée principale, du vallon de Villards et de celui de la Madeleine. Au débouché du vallon des Villards, on distingue les ruines encore fières du château de Cuines, puis on atteint le bourg de la Chambre, autrefois siège de la Chambre des Comptes de Maurienne, pourvu d'une riche abbaye dont le portail de l'église est encore debout.

A Aiguebelle, rien ne subsiste de la redoutable citadelle de Charbonnière, prise et détruite par Sully. Enfin, en-dessous des batteries d'Aiton, par une courte inflexion, on entre dans la belle et fertile vallée de l'Isère, que la route remonte pour atteindre la Sous-Préfecture d'Albertville (37 kilomètres du Lautaret).

Fonts baptismaux de Conflans.

Située à la tête de la région que l'on appelle parfois le Haut-Graisi-vaudan. en un nœud où se rejoignent les eaux de l'Isère, celles de l'Arly et celles du Doron de Beaufort, l'agglomération qui s'y forma devint sous le nom expressif de Ad Publicano (A la douane), une des stations de la voie militaire romaine reliant Milan à Vienne. A la chûte de l'Empire romain, elle fut dite Conflans, puis avec la douceur des temps, elle descendit dans la plaine où on la nomma d'abord l'Hôpital-sous-Conflans, et plus récemment Albertville.

Cloître de St-Jean-de-Maurienne.

Toute neuve elle n'a ni monument, ni souvenir qui puissent nous retenir, et sans prendre le temps de monter à Conflans, dont l'église vaudrait le détour, nous nous empressons de remonter le cours de l'Arly, où en 9 kilomètres nous atteignons le centre usinier des Fontaines d'Ugines.

Dans une étroite fissure, aux parois boisées de sapins la route a conquis sa voie sur le rocher ou sur l'abîme. Tantôt voisinant avec les eaux bouillonnantes, tantôt planant à une grande hauteur au-dessus de leurs caprices, elle change six fois de rive et chacun de ses ponts offre sur l'ensemble de la gorge des perspectives variées et pittoresques. A deux reprises, elle s'est foré un passage sous le roc, et l'entrée aval du tunnel supérieur est un belvédère tout particulièrement saisissant. Le confluent de l'Arondine oblige à un considérable détour dans un site étrange et obscur, puis on remonte en pleine lumière, et le contour par lequel se reprend la direction générale offre un panorama émouvant sur les profondeurs dans lesquelles se tord et se brise l'Arly.

En quelques minutes, on arrive à Flumet et l'on rejoint la route d'Annecy à St-Gervais par le Col des Aravis (no kilomètres du Lautaret, 138 kilomètres de Briançon).

Un magnifique tapis de verdure nous amène par Mégève à St-Gervais-les-Bains-le-Fayet (135 kilomètres du Lautaret, 163 kilomètres de Briançon), et de même qu'au parcours décrit au chapitre précédent, on vient faire la halte du déjeuner à cette splendide station de Combloux en face du panorama du Mont-Blanc: nul ne saurait regretter le détour.

Place de St-Gervais.

Le Mont-Blanc vu de la vallée de Chamouni.

XI

CHAMOUNI ET SA VALLEE

Pour remplir son but d'initiation, la Route des Alpes ne pouvait laisser Chamouni et le Mont-Blanc en dehors de son trajet. Cette vallée de Chamouni n'ayant d'issue qu'en Suisse, la Route vient y terminer et y commencer ses deux dernières étapes dont la jonction géographique aurait dû se faire au Fayet.

La partie de route qui s'étend du Fayet à Chamouni a été construite de 1865 à 1869. Elle remonte la rive gauche de l'Arve, avec une pente insensible, puis auprès de Chède commence une rampe assez forte dont la chaussée, portée sur de grands murs de soutènement, s'attache à la base de la Tête Noire. On voit en face la double cascade de Chède et on progresse dans un paysage fort impressionnant. Après le petit plateau du Châtelard, on traverse un court tunnel, dont les travaux ont mis à découvert un aqueduc romain, et qui permet d'accéder à la petite plaine de Servoz. La cime des Fiz et le Col d'Anterne apparaissent, on voit Servoz s'étaler en deux groupements sur la rive droite, ainsi que la sombre fissure où se trouvent les Gorges de la Diosa, puis un double lacet facilite la rampe jadis fameuse sous le nom des Montées. On contourne ainsi un large berceau forestier, et on revient sur la gorge profonde où l'Arve se brise en rapides irisés sous le soleil. Un trajet en encorbellement se termine au Pont Sainte-Marie, au bas de la conque des Ouches.

Col d'Anterne.

Passée sur la rive droite du torrent, la route s'élève en forte rampe, voyant scintiller dans l'azur les neiges de l'Aiguille du Goûter et la blancheur du Glacier de la Gria. Les pentes gazonnées, qui montent au Pavillon de Bellevue, au Col de Voza et au Prarion se développent peu à peu et quand on parvient au haut de la rampe, tout près de la station des Ouches et en face du village, toute la vallée de Chamouni se révèle avec son incomparable parure d'aiguilles, de glaciers et de forêts, c'est un spectacle sans rival, et on peut dire l'apothéose du voyage.

Les caprices de l'Arve ramènent la route sur la rive gauche où elle court avec de faibles ondulations au travers des cultures et des habitations dispersées. Tout au long du trajet, les glaciers et les rocs se succèdent, et se remplacent, le regard s'attache à ceux qui se développent au fond de la vallée et sur cette muraille du Brévent si fièrement dressée. En arrivant près du hameau des Bossons, on admire les séracs de son glacier qui s'avancent entre les bois. On est stupéfait de le voir si puissant, si crevassé, se prolonger jusqu'à l'arête des sommets. Mais pour éviter de franchir le fantasque torrent qui s'en échappe, la route se réfugie encore sur la rive droite de l'Arve, et alors l'ensemble se complète, on distingue les cimes du Mont-Blanc, le Mont-Maudit, le Mont-Blanc du Tacul et toute la chaîne des Aiguilles: on les voit même se refléter, dans le miroir des étangs des Gaillands. Une faible rampe et un coude sous le hameau des Pècles et des Mossouls précède l'entrée à Chamouni (1040 mètres, 20 kilomètres du Fayet).

Gorges de la Diosa.

Les Romains désignaient à j uste titre sous le nom de Campus munitus, la campagne fermée ou la Vallée Close, tout ce berceau si bien encastré qu'on n'y arrivait qu'en descendant des cols de son enceinte: Col de la Balme, au Nord, Col de la Forclaz, au Midi. On y distinguait trois paroisses: Argentière, le Prieuré de Chamouni et les Ouches. Peuples heureux, ses habitants n'eurent pas d'histoire pendant de longs siècles bien qu'ils fussent successivement sous la dépendance de l'Abbaye de St-Michel-de-la-Cluze, des chanoines de Sallanches et du roi de Sardaigne. Il fallut l'équipée de Pococke et Windham, en 1741 et l'excursion de Peter Martel, en 1742, pour attirer sur ce pays l'attention du monde intellectuel.

Mais dès que furent connues les merveilles qu'il recélait, les visites s'y succédèrent toujours plus nombreuses et plus fréquentes et finirent par constituer les foules qui s'y pressent aujourd'hui.

Hôtel de Ville de Chamouni.

Ces premiers voyageurs avaient été conduits au Montenvers, et considérant l'aspect jusqu'alors inconnu du vaste glacier crevassé qu'on en domine, ils le comparèrent dans leur étonnement passionné à des vagues pétrifiées, à une Mer de Glace.

Le mot fit fortune et devint le nom spécial de ce glacier. Tout le monde voulut aller voir les Glacières, et leur vogue grandissant toujours, Chamouni vit affluer les plus grands noms de France et d'Europe, les artistes et les têtes couronnées. Chateaubriand, Victor Hugo, Georges Sand, Gœthe, Ruskin et tant d'autres y suivirent De Saussure et Bourrit. Les deux épouses de Napoléon Ier , Joséphine de Beauharnais et Marie-Louise, y promenèrent leurs déceptions; Napoléon III et l'impératrice Eugénie lui donnèrent la nouvelle route, et la Rue Nationale. On sait que, de nos jours, le roi Albert Ier de Belgique en a gravi les Aiguilles les plus difficiles.

Le Chamouni actuel ne rappelle que bien imparfaitement le village ignoré qui avait provoqué les enthousiasmes de ses premiers visiteurs. C'est une petite ville d'aspect fort agréable avec deux principales artères, la Rue Nationale et l'Avenue de la gare, autour desquelles rayonnent et s'espacent de nombreuses et pimpantes villas. La vogue s'en est emparée, depuis que le chemin de fer y a pénétré et, en a presque complètement changé le caractère. Au lieu de la rude cité alpestre, où régnaient les gros souliers à clous et d'où s'élançaient les conquérants des pointes vierges, c'est maintenant une station à la mode, où les élégantes viennent faire admirer leurs plus fraîches toilettes. Pour épargner de fâcheux contacts à leurs pieds délicats chaussés de satin ou de cuir mordoré, on a tracé tout un réseau de jolis chemins à pentes ménagées. Il n'est besoin que d'appeler un fiacre pour être conduit aux crèmeries des Gaillands, du Bouchet, ou du Paradis, et un chemin de fer vous hisse en quelques minutes au Grand Hôtel du Montenvers, au-dessus de la Mer de Glace.

Le monument de Balmat et de Saussure.

Eglise de Chamouni.

Le glacier des Bossons.

Il ne faut cependant pas exagérer cet amollissement. Des plus ruti-
lants palaces comme des vieux et modestes hôtels sortent bien souvent
encore de robustes grimpeurs qui, avec ou même sans guides, vont à travers les rocs et les glaces respirer la bonne ivresse de la difficulté vaincue.
S'ils peuvent sans fatigue se faire transporter au Montenvers ou au Mont
Lâchât, au sortir des wagons capitonnés la nature reprend son empire et
les exploits sur les arêtes, comme la simple ascension de la Calotte, n'ont

rien perdu de leur âpreté, ni de leur mérite. Chamouni demeurera toujours au pied du Mont-Blanc, et c'est un attrait de plus que d'y voir le contraste des raffinements de l'élégance féminine coudoyant l'endurance des alpinistes.

L'impression qui se dégage de l'ensemble du paysage est telle que l'on ne peut pas se borner à passer à Chamouni. Après avoir parcouru la vallée, des Ouches à Argentière ou à Monroc, on éprouve l'impérieux besoin d'en avoir une vue d'ensemble en gravissant l'un de ses belvéders. Le Brévent, si nettement campé avec ses 2525 m. en face du colosse, fut longtemps le préféré ; il y avait une petite escalade de cheminée qui flattait assez l'amour-propre. Mais depuis qu'on a tracé par Bellachat un chemin qui conduit les mulets jusqu'à la cime, et que les plus indolentes s'y font porter, qu'on y dîne sous les verrières d'un restaurant, en face des glaciers étincelants, il paraît un peu rabaissé et l'estime se porte plus volontiers sur le Buet.

L'altitude de 3109 mètres en est plus sérieuse, il y a toujours un certain parcours à faire sur la neige, et le secours des mulets ne peut guère dépasser l'hôtellerie de Bérard (2000 m.). La situation et la hauteur permettent de saisir le plus complètement possible l'harmonieuse structure de la grande chaîne. On en voit mieux que d'aucune autre pointe la cime du Mont-Blanc, dominant toutes les autres, s'appuyant d'un côté, sur le Mont Maudit et de l'autre, sur le Dôme du Goûter; ces crêtes, elles-mêmes s'échelonnant sur les gradins inférieurs, qui sont le Mont-Blanc du Tacul et l'Aiguille du Goûter, et tout ce système s'enlevant en architecture sublime sur le massif fouillé, sculpté, buriné qui lui fait un si merveilleux piédestal. On comprend que ce spectacle ait enflammé l'âme de De Saussure, ait consolé les déceptions de Bourrit, et ait été depuis un siècle reproduit par les artistes, (Birmann en 1826) comme la plus complète expression de la beauté des Alpes. Si telle est la partie la plus saisissante du panorama du Buet, la vue s'étend d'autre part aux cimes du Valais et de l'Oberland Bernois, au Cervin, à la Dent Blanche, à la nappe du Léman, et aux pics de la Tarentaise et du Dauphiné : c'est un belvéder idéal.

L'Aiguille du Dru et le chemin de fer du Montenvers.

Aux deux extrémités de la vallée, au Col de Balme et au Col de Voza, à la Croix de Fer et au Prarion, on trouve des émotions analogues et le prestigieux Mont-Blanc, toujours la pièce capitale du tableau, s'y montre sous des aspects changeants et prometteurs.

La Mer de Glace.

Il se montre si bien de partout qu'il en devient une obsession, et qu'un séjour de quelque durée à Chamouni se termine rarement sans l'ascension ou du moins la tentative d'ascension de ce géant.

Au Tour.

Pour longue et pénible qu'elle soit toujours, l'ascension du Mont-Blanc n'exige plus que de l'endurance, et elle est réalisée chaque année par deux ou trois cents touristes venus de tous les points du monde. Après une bonne nuit passée à l'Hôtel des Grands-Mulets, avec le repère du Refuge Vallot et le trajet dans les pas taillés sur les Bosses, quiconque est en possession de ses moyens physiques peut parvenir à 4807 mètres sur le point culminant de la vieille Europe, et contempler par une journée favorable le panorama sensationnel qu'a fixé le talent de M. Helbronner. Mais, s'il n'y a plus place pour ces terreurs qu'éprouvèrent si vivement nos aïeux, il faut cependant toujours tenir grand compte des éléments. A cause de sa haute prééminence, le Mont-Blanc est spécialement exposé à de soudaines condensations, et l'homme pris dans la tourmente n'est qu'un jouet dans les mains de la nature. La prudence s'impose dans l'examen du temps et il vaut mieux prolonger son séjour que d'exposer sa vie et celle de ses guides dans une ascension témérairement poursuivie. Les tombes des victimes de la tempête dans le petit cimetière qui entoure l'église sont un utile enseignement.

L'hiver à Chamouni.

194

Sommet du Mont-Blanc.

Depuis la première ascension du docteur Paccard, en 1786, et celle plus retentissante de De Saussure, en 1787, la montagne a été étudiée, fouillée, dessinée dans tous ses replis, mais l'engouement s'est toujours porté sur la haute cime, tandis que ses voisines étaient plus rarement visitées. Par une particulière attirance de la difficulté, ce sont les Aiguilles, obélisques de granit de hauteur relativement minime, les Charmoz, le Grépon, Blaitière et ses composées, le Plan et ses arêtes, qui sont le plus prisées parmi les athlètes de l'alpinisme, membres du Groupe de Haute Montagne.

Refuge Vallot.

Hôtellerie des Grands Mulets.

Non contente de l'affluence qui s'y presse pendant l'été et que ses nombreux hôtels ne parviennent pas toujours à hospitaliser, la station climatique de Chamouni a voulu devenir centre de Sports d'hiver, et elle a fait édifier, à grands frais, une patinoire modèle, une piste de bobsleighs et de luges, des emplacements pour le curling, un magnifique tremplin, et un Palais des Sports. Elle a pu ainsi y recevoir les préliminaires des Olympiades, qui dans ce cadre merveilleux, ont eu un succès féerique. Le coup d'œil de la vallée enneigée est pour les adeptes, un spectacle de toute beauté.

Les touristes de la Route des Alpes ne la voient pas sous cet aspect, mais celui qu'elle offre en été suffit à les retenir, et rares sont ceux qui le lendemain de l'arrivée, reprennent leurs places dans les auto-cars pour effectuer sous la lumière matinale le retour de Chamouni au Fayet-Saint-Gervais. Nulle part la magie de la lumière n'exerce mieux ses séductions et il faut une certaine réflexion pour se bien persuader que ce sont les mêmes paysages que l'on traverse. Tournant le dos aux glaciers, aussitôt qu'on a dépassé le village des Bossons, on semble rouler dans un décor uniquement pastoral, tandis que le regard caresse les jolies verdures des Ouches et du Prarion. Le pont Sainte-Marie, surmonté de l'aérien viaduc, annonce des sensations toutes différentes, et quand on plonge dans la gorge de l'Arve encore pleine d'ombre, on éprouve un frisson qui ne se dissipe qu'à la vue des Fiz et du Col d'Anterne ensoleillés.

Après la gracieuse vision de Servoz dans ses cultures, on retrouve des gorges austères, puis au débouché sur la grande rampe, quand on domine Chède et ses vastes usines, on jouit de la vue imposante de la Pointe Percée et de l'Aiguille de Varens, encadrant la plaine fertile de Sallanches et les coteaux de Passy.

C'est un agréable présage des beautés de la dernière étape.

Aiguille Verte vue du glacier d'Argentière.

Sallanches et la chaîne du Mont-Blanc.

XII

DU FAYET-SAINT-GERVAIS A EVIAN

Sallanches et le défilé de Magland. - Cluses et le col
de Chatillon. - La vallée du Giffre, Sixt et le Fer
à Cheval. - Le Col des Gets. - La Vallée
de la Dranse. - Thonon et Évian.

En quittant le Fayet-St-Gervais, la route longeant à brève distance la
base des coteaux de Combloux, traverse l'ancien lac de l'Arve et vient à
Sallanches se joindre à celle qui descend de Mégève par Combloux (550
mètres).

La petite ville qui se présente aujourd'hui avec des avenues très larges
et de beaux boulevards était autrefois la capitale de toute la haute région.
Son chapitre de chanoines était le suzerain de la vallée de Chamouni, ses
notaires, les dépositaires de tous les actes, et ses marchés, les régulateurs
des prix. Elle devait avoir l'allure pittoresque de tous les vieux bourgs de
montagnes, mais elle était malheureusement construite en bois, et après
avoir été ravagée par des incendies en 1520 et en 1669, elle fut complètement détruite par un sinistre encore plus complet en 1840. Elle s'est rele-
vée assez péniblement de ses ruines et son heureuse position lui permet
de recevoir un partiel avantage du développement du tourisme. On jouit à
Sallanches, en effet, d'une vue si complète sur la chaîne du Mont-Blanc,

que les récits des premiers voyageurs relatent la prime faite aux chambres de ses auberges ouvertes sur ce spectacle.

Eglise de Magland.

La plaine fertile qui s'étale à partir de Chède se termine à quelque distance de Sallanches; les montagnes se resserrent, et le torrent, ainsi que la route qui le suit, pénètre dans un long corridor creusé entre la base de l'Aiguille de Varens, à l'Est, et les contreforts du massif du Reposoir, à l'Ouest. Ce défilé de Magland qui se prolonge du Sud au Nord sur un parcours d'une vingtaine de kilomètres a été célébré par tous ses anciens visiteurs. Dès l'abord, il nous offre une vue toujours surprenante, celle de la Cascade du Nant d'Arpenas, cascade dont les eaux s'élancent d'une hauteur de 200 mètres, mais n'arrivent au bas de la roche qu'en poussière d'arc-en-ciel tant leur jet ténu est divisé par le vent. On y admirait aussi des échos d'un spécial retentissement que les voyageurs en voiture avaient le temps d'évoquer et surtout la Grotte de Balme à présent bien négligée.

Vers la fin du défilé, on trouve la petite ville de Cluses (485 mètres). L'impression y est la même que celle ci-dessus signalée à Sallanches: artères larges avec des maisons basses. La raison en est identique: destruction totale par un incendie en 1845, reconstruction sur un plan trop ambitieux. Il fut un temps, cependant, où l'animation de Cluses était à la hauteur de sa viabilité. Ce fut pendant les quelques années employées à la construction du tronçon du chemin de fer de Cluses au Fayet. Elle était alors tête de ligne: les voyageurs et marchandises arrivés par l'embranchement de la Roche-sur-Foron s'y transbordaient dans les chars et les voitures, dans les diligences et les Iuversables pour s'acheminer sur Sallanches, Saint-Gervais et Chamouni. Les cochers et conducteurs y parlaient en maîtres et leur joyeux vacarme emplissait les rues de la petite ville. Ce temps fut court, car en six ans, la tête de ligne fut reportée au Fayet, et Cluses retomba dans sa torpeur. Une école d'horlogerie, et quelques petites fabriques de pièces détachées lui donnent encore un peu de vie. Aujourd' hui, les touristes ne s'y arrêtent guère que pour aller à quelques quinze kilomètres de là visiter la Chartreuse du Reposoir.

Sallanches. — La Grande Place de l'église.

Une vieille maison à Magland.

Un grand lacet amène l'autocar sur le Col de Châtillon (740 m.) qui s'ouvre dans la longue nervure dressée entre la vallée de Sixt et celle de l'Arve; la pente s'incline alors à l'Est pour descendre au niveau du Giffre. On passe devant les anciens bâtiments de l'Abbaye de Mélan, qui ne présentent plus rien de curieux, et on vient à Taninges (641 m.) croiser la route d'Annemasse à Sixt.

Le bourg de Taninges, à cheval sur le confluent du Foron et du Giffre est une des principales agglomérations de cette pittoresque vallée, et il serait fâcheux de ne pas profiter de l'occasion pour rendre visite aux merveilles qu'elle recèle. Une bonne route flanquée d'un tramway à vapeur, la remonte sur sa rive droite au milieu de paysages verdoyants, et conduit rapidement à Samoens, chef-lieu de canton et principal marché de la région

La position de cette petite ville est ravissante. Elle est à peu près à l'extré-mité supérieure de la longue plaine qu'ont nivelée et enrichie les alluvions du torrent. Entourée de vergers, et à proximité de fort belles forêts, elle offre aux estivants un asile déjà renommé, et son église, fort intéressante d'ailleurs, attire l'attention par un porche volumineux.

Magland. — Intérieur de grange.

Environs de Sallanches. — Gorges de Levaux et Aiguille de Varens.

On peut y faire une quantité d'excursions agréables, mais Samoens est surtout le vestibule de Sixt.

En six kilomètres toujours sur la rive droite du Giffre, une route tracée pour moitié dans de beaux vergers, et pour l'autre dans des gorges fort curieuses, les Tines, amène à l'Abbaye de Sixt (757 m.).

Cascade du Nant d'Arpenas.

Le village qui s'était formé autour d'un monastère des Augustins se trouve dans la situation la plus heureuse, adossé aux contreforts de la Pointe de Ressachat, et voyant s'ouvrir devant lui la large coupure du vallon des Fonds, qui lui dispense à loisir l'air et le soleil. Dans l'humble cimetière de l'église, on voit la tombe d'Albanis Beaumont, industriel et écrivain fécond qui publia aux premières années du XIXᵉ siècle de nombreux et beaux volumes sur les Alpes. L'abbaye qui a en grande partie résisté aux outrages du temps et des hommes, est convertie en hôtellerie. Elle sert de point de départ à de multiples excursions, notamment au passage du Col d'An-terne, immortalisé par Topffer, à l'ascension du Buet par le Grenairon, à celle du Tenneverge (2990 m.) et surtout à la radieuse promenade au Fer à Cheval et au Fond de la Combe.

Pour visiter ces merveilles, on continue à remonter le cours du Giffre par la route qui demeure encore carrossable plus d'une heure, jusqu' au pont de l'Eau Rouge. Le vallon que l'on parcourt ainsi est déjà des plus imposants; resserré entre les épaulements du Grenairon et les ramificationsde l'Avoudru, il paraît entièrement fermé par les formidables escarpements au-dessus desquels scintille le Pic du Tenneverge. Encore quelques pas sur le chemin muletier qui prolonge la route, et bientôt la paroi semble s'entr'ouvrir, elle s'enfonce et déroule l'admirable cirque du Fer à Cheval. Des escarpements de plusieurs centaines de mètres qui supportent les glaciers du Cheval Blanc, de la Finive, du Tenneverge, décrivent, sur un développement de quatre à cinq kilomètres, un demi-cercle autour de l'observateur. Chaque sillon de la roche donne passage à un écoulement qui se précipite de toute la hauteur et au mois de juin on compte plus de trente cascades qui saturent l'atmosphère de poussière d'eau. Ce site a été souvent comparé au cirque de Gavarnie, mais s'il est moins connu, il est beaucoup plus vaste et plus grandiose. Après avoir contourné le colossal redan du Tenneverge, le vallon se poursuit encore

208

jusqu'à un cirque analogue et terminal non moins pourvu de cascades et qu'on appelle le Fond de la Combe.

Cluses.

Cette superposition quasi circulaire de forêts noires, de roches abruptes, de pâturages verdoyants et de glaciers étincelants, forme un ensemble à peu près unique dans les Alpes, qui pénètre le spectateur d'une émotion religieuse et nombreux sont les visiteurs qui passent une journée entière dans la contemplation de ce spectacle.

Samoens.

Plus connue, cette vallée de Sixt serait une rivale de celle de Chamouni. Mais elle est une impasse pour tous autres que les alpinistes exercés et pour continuer notre trajet, nous revenons à Taninges.

Poursuivant la direction du Nord, la route quitte le Giffre et s'enfonce dans le vallon latéral du Foron. Elle serpente dans une belle forêt, laisse à gauche le petit vallon affluent de l'Arpettaz, s'élève par un grand lacet et sort de la futaie pour déboucher dans un vaste plateau herbeux où elle parvient au village et au Col des Gets (1172 m.). La nature estsi douce et si riante, les pentes si insensibles que l'agglomération occupe le seuil même, et qu'on a, sur un certain parcours, peine à savoir de quel côté s'écoulent les eaux. Par ce col se joignent les bassins du Giffre et de la Dranse; la vue n'y est pas très étendue et ne commande que des pentes de pâturages, mais c'est un des points les plus gracieux de ce nœud des Alpes.

Cependant, le plateau sur lequel se déploie ce parcours pastoral se termine et la descente commence à s'incliner vers le Nord; en quelques contours, on est dégagé de ce large corridor de prairies et l'on voit se développer le vallon supérieur de la Dranse. Les rochers des Dents Blanches apparaissent haut perchés au-dessus du village de Morzine paresseusement étalé à la base d'un contrefort enchanteur (860 mètres d'altitude.)

Les cascades du Fer à Cheval de Sixt.

Villégiature tranquille entre toutes, lieu de repos et de délices champêtres, Morzine disperse ses maisons sur les pentes de trois combes différentes: celle du Nord-Est descend du Col de Coux (1927 m.) franco-suisse donnant sur Chambéry, celle du Sud-Ouest vient du Col de la Golèse (1671 m.) accès de Samoens, et celle du milieu est l'émissaire du Col de Jouplane. Il n'y a pas encore longtemps que dans ce séjour béni on trouvait bonne pension à 4 fr. 50 par jour.

L'une des branches de la Dranse prend naissance à Morzine et y faisait tourner quelques moulins. Elle est bientôt rejointe par une autre branche qui arrose le village de Montriond, et qui descend plus directement des Dents Blanches. Quelques pas encore, et le cours d'eau qui commence à se former reçoit sur sa droite, le tribut de l'Ardent. Ce ruisseau vient du Lac de Montriond qui fut naguère une jolie nappe d'eau, d'une superficie de 25 hectares, toute entourée de noires forêts. A son amont, brillait comme un ruban d'argent la capricieuse cascade d'Ardent, que l'on visitait sur ses deux rives grâce à de commodes passerelles et l'on pouvait remonter par un agreste vallon de pâturages jusqu'au Col de Chésery (2020 m.), l'un des accès de la charmante vallée suisse de Champéry.

Taninges. — Abbaye de Mélan.

L'industrie est venue troubler cette harmonie

Cascade du Rouget.

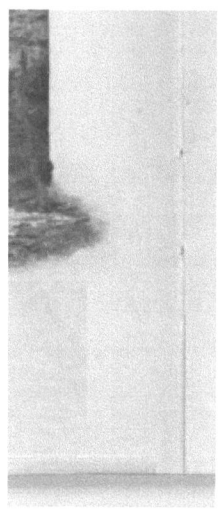

Laissant donc cette retraite qu'agrémentaient un hôtel et quelques villas, nous descendons la vallée de la Dranse, dont le charme demeure doux et mélancolique, et nous traversons le village de Saint-Jean-d'Aulph (790 m.). Son aspect est banal comme celui de son église neuve, mais tout proche, nous apercevons une ruine de grande allure, où se distingue encore une rosace romane de toute beauté, et nous apprenons bien vite une lamentable histoire. L'abbaye cistercienne de Notre-Dame-d'Aups, fondée au XIe siècle, avait été prospère et avait pu au XIIe siècle se doter d'une fort belle église d'un style roman très pur. Cette abbaye avait eu ses ères de bonheur et de malheur, elle avait été dispersée par la Révolution française, son monastère avait été démoli, mais son église préservée était devenue l'église paroissiale de la commune de St-Jean-d'Aulph. Ce fut, en 1823 que par une inconcevable aberration, l'autorité municipale voulut la remplacer par un autre édifice, plus rapproché du village principal, et que la destruction en fut ordonnée. Il n'en restait plus que la façade ornée d'un très beau portail et d'une magnifique rosace, quand les yeux s'ouvrirent sur ce sacrilège, et la démolition fut arrêtée. Aujourd'hui, ces ruines sont classées comme monuments historiques, mais hélas! ce ne sont plus que des ruines.

Cascades du Fer à Cheval.

Jetant un regard attristé sur cette victime des passions villageoises, et poursuivant au travers d'une région de plus en plus plantureuse, nous laissons à droite étagées sur la hauteur, les maisons du Biot, chef-lieu de canton, et centre principal de la vallée (820 m.). Le paysage se resserre. Dans les coteaux moins corrodés, la Dranse a creusé son lit, et la route l'accompagne, dans le défilé des Tines, où elle a même dû se pratiquer un tunnel.

La route se poursuit dans une gorge profonde.

On est presque au niveau de la Dranse mugissante, quand on voit la paroi de droite s'ouvrir et donner passage à un torrent semblable, c'est la jonction de deux Dranse, la Dranse de Morzine, que nous suivons et la Dranse d'Abondance, qui arrive de l'Est. Elle est aussi accompagnée d'une route qui dessert la vallée jumelle où se trouvent Vacheresse, Bonnevaux, Abondance, et qui, par le Col de Morgins, conduit dans le séduisant Val d'Illiez. Cette région alpine, pour se contenter de moins hauts reliefs, n'en est pas moins pittoresque et délicieuse à parcourir, elle participe des caractères si prisés de la Suisse toute proche, en les tempérant par la cordialité et la bonhomie savoyarde.

St-Jean-d'Aulph.

Ruines de l'abbaye de St-Jean-d'Aulph.

Un nouveau confluent se produit bientôt au Pont de Bioge par l'apport de la Dranse de Bellevaux, qui draine la vallée de Lullin.

Enrichie de toutes ces contributions, la Dranse a plus largement buriné la montagne, pour y produire ces gorges qui sont une des principales beautés de la Route. On progresse au milieu d'une surabondance d'herbes, de lianes, et de buissons qui s'incrustent sur toutes les saillies, et se diamantent de gouttelettes!

Gorges de la Dranse. — La Porte.

Thonon.

Mais enfin les parois s'écartent et s'abaissent; moins étroitement contenue, la Dranse s'étale en un lit caillouteux, le Léman apporte par sa nappe majestueuse une aimable compensation et on arrive à la plaine où se termine la gorge.

Les maisons et le clocher de Thonon se profilent sur le ciel, et en traversant quelques vignobles, on entre vite dans la petite ville savoyarde.

Ancienne capitale du Chablais, jadis entourée de remparts, Thonon a conservé cet aspect de densité particulier aux agglomérations qui ont été contenues entre des murailles, mais les vicissitudes des guerres qu'elle a subies ne lui ont laissé aucun de ses anciens monuments. Bien campée sur une terrasse qui domine le lac d'environ 60 mètres, elle est baignée d'un air salubre, et jouit d'un agréable horizon. Pour augmenter ses attractions, elle a capté les sources de la Versoie, et s'est dotée d'un établissement hydro-minéral, grâce auquel elle s'est promue au rang de station thermale. Elle s'est reliée par un funiculaire au faubourg de Rives, qui sur le bord du lac, lui sert de port, et elle reçoit maintenant la visite de nombreux estivants.

Thonon. — Port de Rives.

Parmi ses environs, gracieux et coquets comme toute la région, deux sites retiennent spécialement l'attention: le château de Ripaille, et le château des Allinges. On descend par un chemin qui serpente entre les vignes jusqu'au niveau de la rive où dans une large avancée subsistent les bâtiments du château de Ripaille. C'est là que s'était retiré, après son abdication, le duc de Savoie, Amédée VIII, qui était devenu pape sous le nom de Félix V, et avait aussi renoncé à la tiare. Cette destinée extraordinaire avait tellement frappé les esprits que l'on voulut considérer comme pratiquant toutes les jouissances matérielles celui qui l'avait vécue, et que faire Ripaille devint pour le peuple le synonyme du sybaritisme et de la goinfrerie. La consciencieuse histoire n'a pas retenu cette accusation, et l'aspect du château n'est pas de nature à l'étayer.

Evian. — Quai du Casino.

Quant au château des Allinges, ses ruines se dressent encore fièrement à 712 mètres d'altitude au sommet d'une colline boisée au Sud-Ouest de Thonon. Il commandait un magnifique panorama sur le Chablais et sur le Léman, et sa situation en faisait une forteresse dangereuse aux mains d'un vassal rebelle. Il fut détruit au commencement du XVIIIᵉ siècle par le roi de Sardaigne, mais il y reste une chapelle qui, sanctifiée par Saint François de Sales, est devenue un but de pèlerinage très fréquenté.

Avant d'atteindre le bord du lac, la Route des Alpes tourne à droite et se lance au travers de l'Estuaire désolé de la Dranse; ce désert rocailleux franchi, elle retrouve les beaux vignobles et les grasses cultures de la campagne chablaisienne. La vue toujours récréée par l'admirable vision du lac, elle passe au-dessus d'Amphion, et après un délicieux parcours sur la rive ombragée, elle vint se terminer au port d'Évian.

Évian, l'ancien Aquianum des Romains, fut longtemps une petite cité turbulente du pays de Gavot, bien située en amphithéâtre, sur la pente du Léman, en face de Lausanne et d'Ouchy, mais que rien ne semblait vouer à de brillantes destinées. Ce fut au commencement du XIXᵉ siècle qu'un de ses habitants, nommé Cachat, eut l'idée d'exploiter des eaux limpides qui venaient sourdre dans sa propriété. La vente de ces eaux, qui n'étaient chargées d'aucun sel et qui n'avaient aucun goût, demeura longtemps dans le marasme et ce n'est que vers le milieu du siècle qu'on s'avisa des mérites que pouvait avoir leur pureté. Mais une fois qu'il fut admis que c'était là une qualité rare et précieuse la vogue s'en empara, et Évian consacrée station balnéaire, dut à son admirable situation, un développement considérable et continu.

Le Port d'Evian.

Une administration prudente et avisée s'est efforcée par de nombreux embellissements d'y attirer et d'y retenir les étrangers. Un quai large et ombragé permet pendant plusieurs kilomètres la contemplation pleine de charmes du lac, un port sûr et bien aménagé facilite l'accès aux bateaux de la Compagnie de navigation du Léman, l'établissement de bains, le Casino agrémentent le quai de leurs façades architecturales, et de multiples hôtels, dont quelques-uns de tout premier ordre, ont entouré et allongé considérablement la ville. Évian s'est acquis pour l'été la réputation de Nice pour l'hiver, et de même que son quai rappelle la Promenade des

Anglais, ses hôtels du Parc, de l'Ermitage, etc. rivalisent avec les grands hôtels de Cimiez.

Nulle station ne pouvait mieux qu'elle devenir le terminus de la Route des Alpes.

Liaison de toutes les beautés grandioses de nos Alpes, synthèse des énergies et des élégances, cette heureuse création ne peut que grandir et se développer, en mettant à la portée de tous les merveilles les plus renommées de la terre française.

SERVICES AUTOMOBILES DE LA C^{IE} P.L.M.

LA ROUTE DES ALPES EN SIX ÉTAPES ET SES ANNEXES

Cliché de la collection des Guides Bricet "La Route des Alpes".

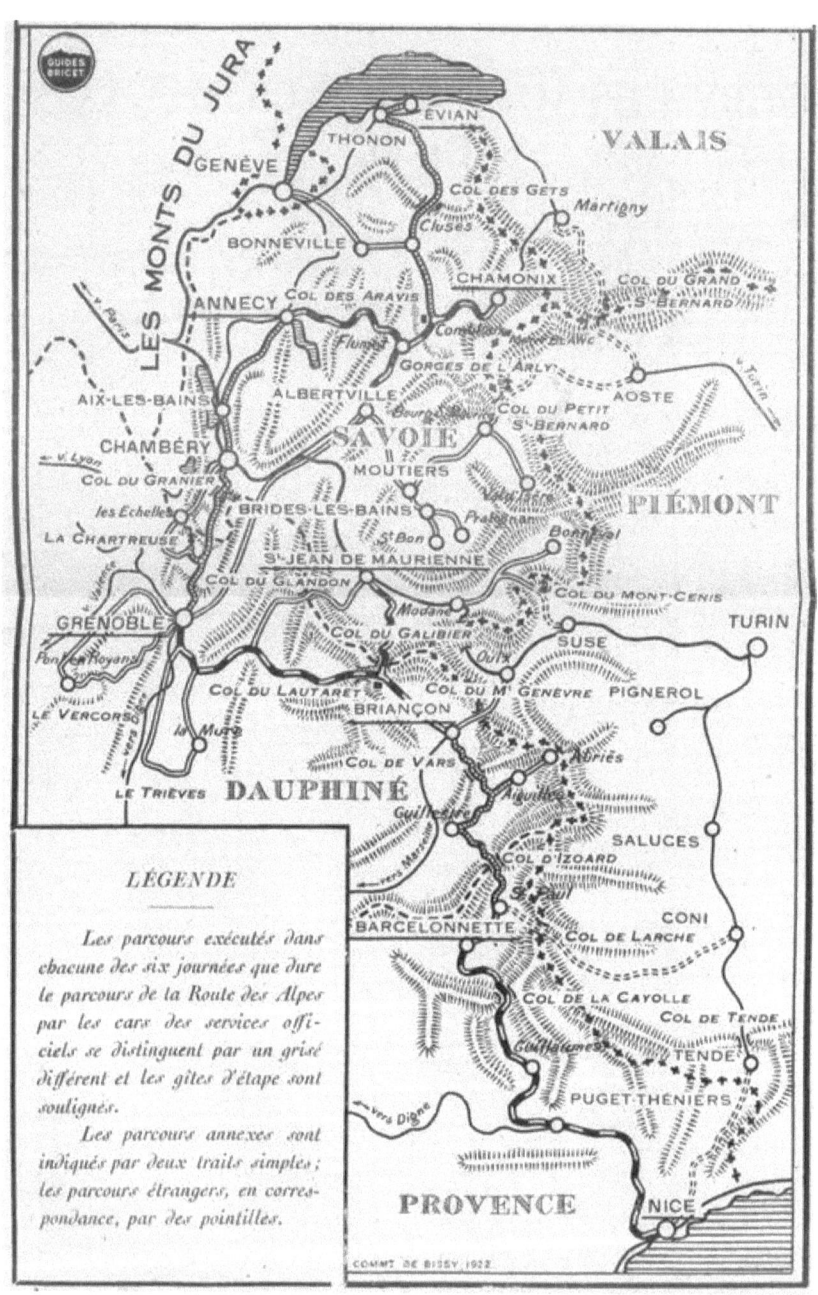

225

ÉDITIONS J. REY, GRENOBLE

" LES BEAUX PAYS "

Collection d'ouvrages in-4º (16 × 21) illustrés en héliogravure

Volumes parus : (voir page 4 du volume)

En Souscription :

Gabriel FAURE	La Route des Dolomites
C. HOLLAND adapt. de J. de METZ	La Belgique (2 vol.)
Raoul BLANCHARD	La Corse
Raoul BLANCHARD	Les Alpes Françaises
Henry DEBRAYE	La Touraine et les châteaux des bords de la Loire
Pompeo MOLMENTI	Venise et sa lagune
Gabriel FAURE	Rome
Gabriel FAURE	Les Jardins de Rome et la Campagne romaine
Francis GOURVIL	En Bretagne
Charles BAUSSAN	Les Grands Pèlerinages de France et de Belgique. (2 vol.) Chapitres d'introduction de René BAZIN, de l'*Académie Française.*
EDMOND PILON	L'Ile de France
CAMILLE MAUCLAIR	La Normandie
Armand PRAVIEL	La Côte d'Argent et le Pays Basque
Pierre GAUTHIEZ	Florence

Paraîtront ensuite : **Paris, La Route des Pyrénées, L'Auvergne, La Provence, L'Algérie, etc.** et une série de volumes sur la **Suisse.**

Les spécimens des volumes en préparation et les conditions de souscription à ces ouvrages sont adressés sur simple demande.

SADAG DE FRANCE, BELLEGARDE (AIN).

Table des matières